ちくま新書

創造性はどこからやっ

表現の世界

郡司ペギオ幸夫
Gunji Pegio Yukio

JN052167

1742

創造性はどこからやってくるか――天然表現の世界【目次】

はじめに

本書は、アートに基づく「創造入門」である。私はこれまで、生命や創造に関する理論的考察を行なってきたが、実際、私自身、この二年で初めて作品を制作し、インスタレーションによる展示を行った。本書はその過程の記録でもある。そこでは創造の仕掛け（理論）を自らに課し、自らを「調《ととの》えて」制作していった。その意味で、私の制作は、私が提案する創造理論の実践になっており、創造の瞬間、何が起こっているのか、それについても述べている。

アート作品を手がかりにしてはいるが、何の創造であるかは問わない。創造とは、「わたし」において、新しい何かを実現すること、「わたし」の外部との接触を感じることである。「やった」「できた」「わかった」という新たな扉を開くものだ。他の誰かがやっても意味がない。創造とは、自分でやるからこそ、意味がある。本書では、創造の当事者性という問題が明らかにされ、創造の当事者であることの意味と方法が論じられる。

人工知能が、あなたより評価される絵を描き、あなたより評価されるコンセプトやアイデアを打ち出し、あなたより評価される小説を書く。そういうことは、近い将来たやすく実現されるだろう。しかし当事者における創造の評価は、定量化したり、他と比較することができない。他人と比較しても意味がないように、むろん、人工知能と比較しても意味はない。人工知能が何をしようが、あなたはあなたなのである。

あなたは、「それは自己満足ではないか」と思うかもしれない。そうではない。自己満足は、「わたし」の中での閉じた理解や納得を意味する。閉じているので創造体験の実感がない。しかし、自分を納得させるために自分を欺《あざむ》く理論武装だけはする。「自己満足ではないか」と言われることを恐れる状態が、自己満足である。「当事者として外部に接触する」体験は、そのような閉じたちっぽけなものではない。そんなものは吹き飛んでしまう。

それだけではない。本書での創造は、創ることが困難なものを創る実践的意味を持っている。目の前にゴム製の左手を置かれ、机の下のあなたの左手と同じ位置、例えば、同じ親指、同じ手の甲というように、同時に筆で擦られ、その様子を見せられる、としよう。そういう実験があるのだ。このときあなたは、目の前のゴムの手を、あなたの左手と錯覚できる。異なる感覚、視覚と触覚をマッチングさせることで、ゴムの手に自分の手の感覚を転移させるという「創造」が実現される。そう言ってもいいように思える。

このような実験の発想は、本書によれば人工知能的だ。異質なものを調整し関係づけることで、異質なものの間を調停し、問題を解決するように「創造」するからだ。目的が設定され、それが実現される。それはアートに基づく創造ではない。

脊髄《せきずい》が損傷され指の麻痺した患者に、同じゴムの手の実験をしてもらう。このとき何が起こるか。患者は、麻痺した指、すなわち情報の伝達が不可能な指に、触覚を感じるのである。脳は触覚と視覚を整合させようとするだろう。しかし麻痺した指は元々触覚がなかった。触覚と視覚の整合など原理的に不可能だ。おそらく脳は、触覚と視覚のマッチングに努力しながら、それを自ら諦める。その結果、とんでもないことが起こる。麻痺した指における触覚の回復だ。

ここに見出されるのは「当事者としての脳」である。脳がどのようにして調整を努力し、それを諦め、とんでもない神経系の再編を行なって麻痺した指で触覚を回復させたか、脳・当事者でさえわからず、しかし当事者だからこそ、それを実現したのである。このとき、脳は自らの「外部」と接続し、それまでには想定されなかった新たな神経系を構築する。その結果、麻痺した指の感覚が、戻ったのである。

本書で扱うアートに基づく創造とは、このような現象を立ち上げることに相当する。結果を目論んで作るのではなく、創造がもたらされるように、物質や「わたし」の当事者性を調整するのである。つまり能動的に創るのではなく、受動的な創造が実現されるように、能動的に調えるのである。それがどのようなことなのか、あとは、本書を読んで確かめて欲しい。

創造体験は、誰にでも開かれている。しかし簡単ではない。創造体験がなかったという人もいるだろう。そうであるなら、何度も読んで欲しい。そしてぜひ、創造を体験してもらいたい。

第1章 「天然表現」から始める

本書は、生命基礎論の研究者である私が、「天然表現」という作品制作を思い立ち、これを実行して、インスタレーション作品『水は時折、とりわけ夜になると』や『痕跡候補資格者−転回』を制作し、「はじまりのアート」を実現するまでのドキュメントである。そして、それに伴い、芸術とは何か、作品とは何かという問いに関して、天然表現に即して論じたものである。

私は、動物の群れや人間の認知に関して、さまざまな実験をし、それを説明するためのモデルを作っている。同時に、現実の具体的な動物や人間に留まらず、抽象的で普遍的な意識とは何か、生命とは何かといった問題を考え、それに対していくつかの考え方を提出している。

近年、私は、いわゆる機械で実装された知能という意味での人工知能に留まらず、得られた経験やデータだけから推論し判断する知性のあり方全体を、広い意味で「人工知能」と捉え、これに対して、想定もしなかった自分にとっての外部を受け入れる、徹底して受動的な、しかし、それこそが創造的な「天然知能」という知性のあり方を提唱した。「天然知能」は、知能というより創造的態度、創造の装置であり、だからそれは、制作それ自体とも言える。そして実は、制作された作品それ自体かもしれないのである。私は、そのように「制作」するつもりで実験のデザインを考え、モデルを構築してきたのだが、それをいわゆるアート、芸術として実現していこうなどとは、想像もしなかった。

しかし、日本画家であり、しばしば共同研究をしている中村恭子に背中を押され、ある日突然、制作が始まったのである。その共同制作とは、中村の作品をモチーフとしながらも、一般的に作品とは何か、制作とは何かを論じた、画文集『TANKURI――創造性を撃つ』から出発したものだ。『天然知能』はこれと同時並行的に書かれたもので、むしろ中村との画文集は、天然知能的に芸術を論じた理論書とも言えるものだ。

こうして始まった私の制作は、生命のモデルであり、外部と付き合うための実践の方法である「天然知能」を、「天然表現」へと展開し、作品を「完全な不完全体」として制作することだった。そして本書では、「完全な不完全体」を作り出すある種の技術として、「天然表現」が論じられることになる。

本書は、「天然知能」に関する予備知識など、一切必要のないように書かれている。また、制作とは何か、芸術とは何か、に関する議論も、できるだけ平易に書くことを心がけた。また、ここでの主張が、現代芸術や現代思想の中にどのように位置づけられるかも論じている。

「天然表現」は、創造し個物化する生成の現場として、制作過程を描いている。ただし、本書で制作はかなり広い意味で用いられる。作品の鑑賞もまた制作と考えられている。だからこそ、完成した「作品」もまた、「天然表現」を実装している。といっても読者は、まだその真意を測りかねるだろう。しかし最後まで読み切った読者は、その意味を理解するに違いない。

1　外側と外部

†インスピレーションを受け取る

これから、「天然表現」の話をしようと思う。読者は、表現、表現活動というと、カタカナのアートの話であり、いわゆる美術（ファイン・アート）に限定しない、身体を含むさまざまな媒体を用いた「表現」をイメージするかもしれない。もちろんそれも含むのだが、アートや表現として多くの読者が想像する、自己表現であるとか、「わたし」の中にあるものの吐露であるとか、そういうことではない。むしろ芸術にたずさわる多くのアーティストは、自己表現という意味での表現を否定する。「わたし」の中なんて空っぽで何もない。わたしの中ではなく、むしろ外から来る何か、インスピレーション（霊感）を受け取るのだ。そういう言い方をする。ここでいう天然表現は、この感覚を拡張することで構想される。そして、自然現象や、人間の意識、心の形成まで、天然表現として展開していくものなのである。

私はすでに、そういったものの一部を天然知能という名のもとに提案し、意識や知覚、感覚、人間的な、と言ってもいい推論様式、人間的な論理、などについて論じてきた。そうすると、話はどうしても硬くなるか、硬い話を簡単に書くことによって、自己啓発的な、「気の持ちよう」的な話に思われてしまう。そこでここでは、私が行った表現行為としての天然表現を軸として、論じていこうと思う。その表現行為は、ギャラリーでの展示にまで至った、写真、映像、インスタレーションで、来場者の一人である現代芸術家の仁科茂《にしなしげる》が「はじまりのアート」と言ってくれたものである。そして、確かに天然表現は、先に述べたように、芸術家、表現者の直観を延長したものであり、アートとは折り合いのいいものなのである。

天然表現は、表現の結果であったり、表現を説明したりするものではない。そのような、終わったことを後付けることはしない。天然表現は表現に向かうための態度であり、完全な不完全体である。芸術家は、「外から来る何か、インスピレーション（霊感）を受け取るのだ」と言ったが、その受け取るための態度である装置は、形式化できる。それは、何がもたらされるかはやってみないとわからないものの、「やってみよう」という賭けに出るだけの仕掛けなのである。では、はたして天然表現とは、直観的に何なのか。

天然表現とは、「外部」に接続する装置であり、外部に接続することが「作品化」される営みである。ここに二つ説明すべき言葉がある。第一に「外部」であり、第二に「作品化」である。外部とは、「わたし」が想定する世界、その外にある無限の宇宙とでもいうべきもので、認識不可能なものである。ただし、平仮名で書かれた「わたし」とは、誰にでも当てはまる一人称であり、生まれて成長して言葉を使う主体のことである。漢字の「私」は著者である郡司のことだ。だから、わたしは、この世界から孤立しているわけではなく、科学的知見を含む客観的知識をも持っている。その意味で、わたしが想定する世界とは、各々が知覚し得るかぎりでの、「この世界」のことである。ただし、あくまで「わたし」において想定される世界であるから、その都度、その状況において無自覚に設定される、文脈に依存した世界である。そのときに限り、それ以外のことは存在しないなら、どんなに小さな世界でも、わたしが想定する世界ということになる。

†外部と外側

私はしばしば、窺い知れない外部とか、知覚不可能だが存在する外部、という言い方をするが、そうすると、「そういう、解決不能なものを特権化するのがダメで、内と外をつないだ世界観を構想することこそ大事なのだ」などとお叱りを受ける。しかし、わたしの知っている内（こちら側）とつなげられるように想定された外（向こう側）とは、内から勝手に規定された外に過ぎないだろう。むしろ、そのようにつなげられた内と外によって構成される全体こそ、「わたし」が想定する、閉塞的な世界なのである。私は常にそのように反論するのだが、わかってくれる人はそう多くない。

まだ行ったことはないが、存在するらしい向こう側とか、わたしはあなたではないが、同じ人間として理解可能な、あなたとか。このような向こう側やあなたは、こちら側にいるままにして、「可能なもの」と想定されている。現に知覚できたり現れていなかったりしても、知覚できるとしたらこのようなものであろうと、そのあり様を想定できる。このような、いまだ現れないが可能なもののいる場所を、本書では外側ということにする。すでに現れ、知覚しているもので満たされた場所が内側であるが、外側は、この内側と対を成すものと定義される。内側と外側から構成される全体は、しょせんわたしが想定する世界である。

これに対して、外部とは、この内側と外側の成す全体からは窺い知れない、その全体の外に位置づけられるものである。本書全体を通して、この、外側と外部とを厳密に区別していく。「内と外をつなげることこそ重要な問題である」という場合の外は、外側のことであって、外部ではない。外部は可能なものとして想定できない。せいぜい存在を直観的に感じる、くらいしかできないのである。実際、外部の例については、「作品化」の説明の後、述べることになる。

第二の「作品化」とは何か。ここで述べる作品化とは、外部に接続することで、接続をきっかけに「もの化」することを意味する。もの化というのは、彫刻になったり、絵画になったり、楽曲になったりという意味で物象化することだけではなく、連綿と流れる時間が分節され、行為や経過ができごと化するようなことをも意味する。つまり、内側と外側のような二項対立的な対の中に閉じこもり、それ以外存在しないと信じていた人間が、その外部に触れたことで、何かが「起こった」と言えるとき、それは、外部を契機に「作品化」されたのであり、その意味で、それは本書の意味で天然表現なのである。

外部に触れる体験とは、どのような体験だろうか。いきなりこう言うと、多くの読者は訝るかもしれない。しかしとりあえず、以下の三つをあげ、次の節以降、なぜそれらが外部に触れる体験なのか述べることにする。創造という行為、とりわけ芸術家の営みは、これに当たると言っていいだろう。そして死を感じる体験である。他人の死を外から経験することはできても、わたしの死は生きている限り知覚しようがない。死はわたしの外部にある。しかし、不幸にも私は、それを直観してしまう。もう一つ、ここではトラウマにおける癒しをあげておこう。本来、外部に触れる体験は日常的に起こっているのだが、なかなか気づくことがない。その日常的な外部に触れる体験に気づき、これを作品化していくことで、天然表現を起動する。そのために、まずは、この三つ、創造行為、死を感じること、トラウマからの癒しが、いかにして外部を感じることなのか、説明しようと思う。

2　創造性はどのように考えられているか

†ボーデンの創造論

認知科学者のマーガレット・ボーデンは、人工知能（AI）に創造性を持たせられるか否か検討するため、創造とは何かについて議論している。そこで創造は、第一に組み合わせ的創造、第二に探索的創造、第三に質的変化を伴う創造に分類される。第一の、組み合わせ的創造とは、よく見知ったものを、しかし組み合わせとしては、誰もが想定しなかった組み合わせで実現する創造である。今では知られているものの、最初にその組み合わせを試したときには、誰も思いつかなかった組み合わせというものがある。例えば、デザートとしてのアイスクリームはよく知られており、熟成されて粘度を増したバルサミコ酢も、サラダや肉料理などに使われてきた。しかし、アイスクリームにバルサミコ酢をかけてみたら、意外なことにすごく美味しい。これなんかが、組み合わせ的創造である。

第二の、探索的創造というのは、何かを創造するための探索空間はあらかじめ用意されているものの、空間が無限に広がっているかのように広く、探索の結果、思いもよらないものが見つかるというような創造である。将棋や囲碁で、新しい手を見つける創造がこれに当たるだろう。人間は可能な手の空間すべてを探索するわけではなく、棋士にとって常識的でよく探索された空間ばかりを探索する。そこから遠く離れた手は、思いもよらないものとなる。そのような手が探索的創造と言われるわけだ。

第三の、質的変化を伴う創造というのは、概念空間を規定する規則が変化してしまうような創造である。例えば、持ち手のついたカップで、いつも水を飲んでいた子どもを想像してみよう。その子は、自分の持っている赤い持ち手のついたマグカップで、いつも水を飲んでいたが、持ち手が重要な要素だと信じていて、カップとは「持ち手のついたもの」だと、無自覚に定義していた。こうして得られるさまざまなカップを網羅する空間が概念空間である。そのうち目にするカップの種類も増え、彼の赤いカップと異なり、白いマグカップや、薄手の紅茶用磁器も、カップなのだと思うようになった。しかし相変わらず、カップの定義は「持ち手のついたもの」なので、どれも持ち手はついていた。

そこで改めて、その子は、カップの性格について考えてみた。すると、「中央に大きな窪みがある」性格をどれも持つことがわかった。そこで、今度は逆に、「中央に大きな窪みがある」をカップの一つの性格ではなく、カップの定義にしてみた。カップの概念空間は、質的に変わる。以前の定義ではカップに入らなかった、持ち手のない容器さえ、今やカップと呼ばれることになるのだから。

ボーデンは、著書の最初のほうで、組み合わせ的創造や探索的創造は、真の創造とは呼べず、質的変化を伴う創造だけが真の創造だと述べる。後者のみが、概念空間の定義を変えてしまうからだ。しかし翻って、質的変化を伴う創造とは、いかにして可能なのだろう。それを実現するには、何らかの「価値」が必要だ、とボーデンは言う。実際、先に述べたカップの概念空間の場合にも、カップの性格をあげつらうとき、可能な性格の中から、「中央に大きな窪みがある」という性格を選んだのである。「重い」とか、「ツルツルした手触り」とかを選んでも良かったのだが、「中央に大きな窪みがある」を選んだ。それは、カップに対するそのときの何らかの価値において、選択したと言えることになる。

†価値の無際限さ

価値というものは曖昧で、あらかじめ規定できるものではない。その時、その時の周囲の状況、本人の気分などによって微妙に変化するものだろう。価値がどんな条件に依存して変化するかも厳密に決められない。その結果、概念空間の質的変化が起こるのであるから、この価値依存性は、創造にとって最も本質的であることがわかる。ここでボーデンは考える。組み合わせ的創造や探索的創造は、真の創造とは呼べないとは言ったが、そこでも創造の核となるのは、「価値」なのではないか、と。組み合わせ的創造では、常識的に使われる組み合わせの範囲が想定され、探索的創造では、やはり常識的に使われる概念空間の領域が想定され、その「外側」で創造が実現されるとされた。しかし、そのような常識的範囲や常識的領域を決めるのは何なのか。その時、その場所での、文化状況や時代背景にも依存した「価値」ではないのか。だとすると、組み合わせ的創造や探索的創造もまた、真の創造だと言っていいだろう。ボーデンはそう述べる。

ボーデンの議論を引き取り、外側と外部の区別の観点から、もう少し議論を展開してみよう。もともと、言葉の組み合わせは有限で、その組み合わせはあらかじめ原理的に決まっているはずだが、詩人は世間の価値観で思いもよらない組み合わせを創造する。私のホームページには、「特別に訓練されたカブトムシ」という言葉が掲げられ、その卑近な例を示している。「特別に」「訓練された」「カブトムシ」の各々はよく使われる言葉で目新しさはない。にもかかわらず、この三つの言葉が並べられることで、秘密結社か何かで、とんでもない行動を訓練されている、禍々《まがまが》しいカブトムシがイメージされる。逆に、「特別に誂《あつら》えた服」「訓練された軍隊」や「樹液を吸うカブトムシ」のような言葉の組み合わせは、常識的で面白みもない。常識的な範囲を決める「価値」が、明らかに、その背後にあるわけだ。

価値は、時代や文化的背景によっていかようにも変化するだろう。そんなに遠くない未来、遺伝子編集によって学習能力や筋肉を格段に増強されたカブトムシが現れ、そのようなカブトムシを特別に訓練することが常識になるかもしれない。そのときは、まったく同じ言葉、「特別に訓練されたカブトムシ」に、なんの驚きも、禍々しさも感じないだろう。つまりまったく同じ組み合わせであっても、それが常識的か否かの判断は異なることが可能であり、それは価値による、ということになる。そしてその価値を明確に定義しようと思っても、社会や文化、その歴史までもが関わり、どこまでその価値に影響を与えているのか決められないことになる。価値は、有限の言葉で確定できず、コントロールすることができない。

価値によって決められる「外側」、それは外側なのだろうか。言葉の数は有限で、その組み合わせも原理的に有限だ。意味を考えない言葉の組み合わせは、よく使われる内側とそれ以外の外側に分けられ、内側と外側で完結している。しかし、そこに価値が関わってくると、見かけ上の言葉の組み合わせで数は尽くせない。「特別に訓練されたカブトムシ」ですら、現在と、想像される未来とで、その意味に関して二つの可能性、「禍々しいもの」と「常識的なもの」が現れたわけだ。つまり、常識的に使われる言葉があり、その外側の言葉の組み合わせがたった一つしかない場合でさえ、価値に依存してその意味はいくらでも可能であり、原理的には、無限に存在することになる。

現代を生きる「わたし」の価値で想定される内側と、その内側から想定される外側は、有限に限定され、内側と外側で「言葉の組み合わせ空間」を規定しているように思えるが、価値に依存した意味的な組み合わせは、その「言葉の組み合わせ空間」の外部に、無限に広がっていることが理解できる。かくして、創造は、外部との接触において実現する。もちろんそれは、探索的創造においても、さらには質的変化を伴う創造でも同じことだ。つまり、これら三つの創造のすべてが、外側ではなく、外部との接触において実現され、意味における変化、すなわち質的変化をそのどれもが伴うのである。

創造が外部に触れることであるなら、それは決して有限の形式で捉えられない無際限さを含むことになる。わたしが決定する価値は、無際限さに開かれ、自分でさえ確定的に記述できないものの、わたしにおいては自明である。かくして、わたしが感じる創造とは原理的にはわたしだけのもの、当事者のものとなる。創造とは何かという問いは、客観的に創造を定義しようという問いであったが、問い自体がむしろ解体され、当事者性という性質が現れたことになる。

3　いやぁ死ぬこと思い出して眠れなかったわ

†死の感覚

外部に触れることの最も端的な例は、死を想うことだろう。「わたし」の死は、認識の埒外《らちがい》にあるからだ。誰もが他人の死を、少なくとも見聞きして経験することがあるだろう。しかし、健康な状態でありながら、「わたし」の死を、わたしが消滅する意味で実感する人間はそんなにいない。私は物心がついた頃には、自分がいずれ死ぬということを強烈に感じるように育ってしまった。いやむしろ、無根拠に確信した。

小学校の入学式で校長先生が何か挨拶をしているときにも、人はいずれ死ぬというのに、なに呑気なことを言っているのだろう、と思ったものだ。死後、何もないということが永遠に続く、この問題をどう解決するか、ということ以外に、何か考えるべき問題があるのだろうか。そう思っていたからだ。この死のリアリティは、決して消えることがない。

しかし、長じて、自分自身の意識が解体される寸前となったことがあり、それに抗うことは死の恐怖以上に苦しく恐ろしいものだった。死より恐ろしいものがある。それによって、死の恐怖を感じる頻度は減った気がする。

それでも、死のイメージを示す夢は、幼い頃から繰り返し、今でも、見てしまう。暗闇で一本のマッチが擦られ、火がつくが、やがて消え、暗闇の中にぼんやりと燃えさしの軸が見える。そしてそのまま、永遠にそれが続くのだ、という永遠の時間が感じられる夢である。軸が風化し、ボロボロになって消える、とかそういった物語がそこにはなく、消えた瞬間に画像が停止したように、時間さえ消滅したことを、強く感じることができる夢なのである。以後、何も起こらない、という永遠性を、この夢は無言で語っている。この夢の最中に目を覚ますと、死の恐怖の渦に投げ込まれたように、どうしようもなくなる。

なぜそんなに死を感じるようになってしまったのか。たしかに母親は、私が相当幼い頃から、ことあるごとに戦時中（太平洋戦争）の話をしたものだ。母は当時、小学生だった。空襲警報が鳴り数キロ離れた寺の防空壕まで逃げ、そこに落ちた爆弾が不発弾で助かった話は、何度も聞かされた。空襲警報に逃げ惑う話があまりに繰り返されるため、毎夜毎夜、空襲があったのかと思っていたが、後にわかった話では空襲は一日だけだった。終戦を悟った大人たちが、アメリカが上陸してきたら、子どもの頭を薪割りで叩き割らないといけない、と言っていたという話。終戦直後、食べるものがない子どもは水しか飲めず、その食事を「今日の夕飯は金魚だ」と言った話。金魚は水だけ口にするから、金魚の食事と同じだという意味だ。貧しさゆえに、クラスで一番可愛い顔をしていた女の子の一家が、ネズミに食べさせる毒饅頭で一家心中したという話。そのような死にまつわる話が、機関銃のように母の口から浴びせられた。

それが何か影響を与えたのかもしれない。しかし、戦争にまつわる悲惨な死のイメージは、私が感じる死のイメージには一切なかった。つまり、いつ死ぬかどこで死ぬか、どのように死ぬか、などはまったく問題にならず、死んだら、その先には何もない、という消滅の恐怖だけが、誰に教えられたわけでもないのに、頭に染みついてしまったのだ。その確信は絶対的なものなのだ。しかし同時に、絶対的な確信は真理であることを意味しない、という感覚もある。宗教的な、天啓とでもいうべき確信では、自分だけが真理を知ったと思うだろう。また陰謀論に固執する人々も自分たちだけが真理を知っていると確信している。そう考えると、いかに強い確信でも、それは胡散臭いものかもしれない。とは言っても、死の絶対的な恐怖が消えることはなく、また、子どもの頃、それは誰に言ってもしょうがない問題なのだと感じていた。

†スティングの脂汗

大学で研究を始め、教員となり、大学院の学生たちも何十人と見てきたが、雑談が興に乗ると、そういった死の感覚に関する話もしたものだ。ほとんどの学生、大学院生は、死の話題になんのリアリティも感じないようだった。松山出身の大学院生とは、貨幣の起源に関するモデルを考えていた。私は死ぬことをふと思い出し、どうしていいかわからないが、これほど大事な問題はないいんじゃないか、と振ってみた。彼は極めて優秀だったが、部屋の中で素振りの真似をしながら、「はぁ、郡司さんの言っていることは、大体問題として面白いんですが、はぁ、それは、僕にはあんまりピンと来ませんわな」と言ったものだった。ほとんどの学生はやはり、そういう反応だったのである。

しかしある日、研究室に行ってみると（私を含め雑居部屋だった）、前の晩は研究室に泊まったとみえる別の大学院生が、私の開けるドアの音に目を覚まし、頭を殴られたように顔をしかめながら起きてきた。「いやぁ、昨日は、久しぶりに夜一人で考え込んでたら、死ぬこと思い出して、怖くて眠れなくなっちゃって。本当、久しぶりだったンすけどね」。ああ、そうか、やっぱりそういうやつは少なからず、少数派だとしても、いるんだ。もちろん、他にもいるからといって、死の問題についてなんの解決にもなっていない。

最近になって、ドラッグに関するドキュメンタリー番組を見ていると、六〇を過ぎたザ・ポリスのスティングが出ていた。ポリスは、英国三人組のロックバンドで、私が聴き始めた頃は、レゲエ色のあるプログレであり、パンクで、英国ロックでも独自性を誇っていた。ボーカルのスティングは、ステージ上で跳ね回ることからスティングという渾名がつき、デイヴィッド・リンチのSF映画『デューン／砂の惑星』（一九八四年）にも出演し、凶暴な若い貴族を演じている。

ドキュメンタリー番組のなかで、今はもうすっかりドラッグとは無縁になったスティングが、なぜ若い頃、ドラッグをやっていたかと問われる。人間は死ぬんだぞ。この自分が消滅してしまうんだ。そんなことが信じられるか。そう思うと、ドラッグをやるしかなかった。そういう感じのことを、スティングは脂汗を浮かべ、ちょっと恥ずかしそうに笑みを浮かべながら話していた。スティングもまた死を感じる人間だったのだ。

死ぬことを思い出すときの、あの収拾のつかない感覚は、いつも同じだ。古代ギリシャの哲学者、エピクロスは言った。死は我々にとって何ものでもない。なぜなら、私が存在するとき、死は存在せず、死が存在するとき、私は存在しないからだ。そう言われても、私には何の慰めにもならなかった。

死と生は同時に存在せず、それを同時に考えることは矛盾する。たしかにそうであると言いたいが、互いに否定で結ばれる生と死の関係は、論理的関係に過ぎない。私が感じる死は、その論理的関係を押し流す絶対的なものである。と同時にこう考えることもできる。生と死の二項対立的関係は、生きている「わたし」が想定した仮のものに過ぎない。だから、生から想定される死の確信は、誤った確信かもしれないが、同様に、生と死が両立し得ないというエピクロスの議論も、土台から成立し得ない可能性がある。

死を想うことで発生する議論、および私の死に対する直観さえ、このように、その前提が原理的にわからず、宙吊りのまま進行する。生から死を想いながら、同時に生と死の関係自体をも疑い、しかし、それを超越した絶対的な死を感じながら、仮のものである生と死自体が、曖昧模糊としたものになる頃、すべてが押し流されていく。生きようとして苦闘しているものを押し流すものこそ、死ではないか、というように。このどうしようもない奔流の感覚こそ、私にとっての死を感じる感覚だ。そしてそれこそ、外部に触れる感覚なのである。

4　トラウマと暴露療法

†トラウマとストレス障害

創造、死を想うこと、それに続き、私が、外部に触れる第三の例として取り上げるものがトラウマである。トラウマとは心的外傷、すなわち心の傷を意味し、それがもとで、その後の人生に大きな影響を与えるものだ。その影響は単なるストレスのある状態ではなく、より重篤なもので、心的外傷後ストレス障害と診断される。そのストレスを与えるものは、例えば、命の危険にさらされるような出来事だったりする。

そこまで重いものではなくとも、私にも飛行機恐怖が植え付けられている。何度かの海外へのフライトには何も問題がなかった。それがある日、国内線で、嵐の中での離陸を経験することになった。暴風雨と落雷のため離陸は大幅に遅れ、それだけで緊張感が高まり、結局雷雨の中、飛行機は離陸した。離陸して間もなく、機体は大きく下方へずれ落ち、客席上方にある荷物棚の扉が一斉に開いた。乗客の多くが悲鳴を上げる中、機体は上下動を繰り返しながら、上昇していったのである。

それから、飛行機にはまったく乗る気がしなくなり、関西から北海道へ移動する際にも列車を用いた。海外出張など、行くと決めても直前に怖くなり、高額のキャンセル料を払ってまで取りやめにすることが度々あった。海外や沖縄には調査や研究発表で行くため、飛行機はどうしても欠かせず、結局何度も乗ることで、徐々に慣れてはきたものの、乗らなくてよければ今でも乗りたくない。

トラウマの研究は、第一次大戦、第二次大戦を契機に、発展した。復員し社会復帰した元兵士は、死の淵を歩いたことがトラウマになって、隠れていたその記憶を思い出しては、当時の状況がそのまま現実化したような、フラッシュバックに襲われる。ただし彼らは圧倒的な被害者というわけではなく、同時に殺しているという意味で、加害者でもある。ベトナム戦争で、自らの率いた小隊が自分以外全滅し、それがトラウマとなっていた男性の症例では、実はその男性がその後一人でベトナムの村へ侵入し、無防備な村民を虐殺していたことが暴かれる。家で我が子に触れるとき、突然、殺害した子どもを思い出し、フラッシュバックが起きるのである。このように、トラウマには、その原因の複雑さに程度の差異があり、被害意識と加害意識の混在した複雑なものは、無意識のうちに隠蔽されていく。

津波の被害者にみられるトラウマは、それよりも複雑なものではないだろうか。彼らは端的な被害者であるにもかかわらず、自分だけ生き残ってしまったことに罪悪感を覚える。それはおおよそ、被害者の一割程度との報告がある。それはサバイバーズ・ギルト（生存者の罪）と呼ばれている。つまり津波の被害者は、同時に加害者の感覚も持ち合わせている。それは、自分があのとき、ああしなかったから家族を救えなかった、という具体的経験に裏打ちされるだけではなく、そのようなことがなくても、より一般的な現象として出現してしまうと考えられる。

†津波におけるサバイバーズ・ギルト

津波に襲われるというのは、あまりに理不尽で、怒りの持って行き場がない経験である。ここからなぜ、加害者意識を持つに至るのか。こういうことではないか。

理不尽すぎるからこそ、津波の経験はわけがわからない。自分がそのような目にあう理由がどんなに考えてもわからない。ここで理由を見つけるとは、加害者を見つけることだ。しかし、相手は自然である。加害者は見つかりようがない。にもかかわらず、被害者と加害者の対立図式の中で、加害者探しが堂々巡りをする。その結果、無意識のなかに固定されるのは、不在の加害者、すなわち加害者というラベルだけだ。こうして、被害者であることは、被害・加害の対立図式での加害者探しと不可分になり、その結果現れる、単なるラベルとしての加害者と分離しがたくなる。したがって、被害者であることに、加害者であるというラベルが付与され、被害者と加害者は、津波被害者の中で、分かちがたく結びついてしまう。

被害者意識と加害者意識の結びつきが生じ、その後に、加害者意識の具体的意味内容が付与される。加害者意識は、こうして後付け的に形成される。被害者を端的に指し示すことと、被害者・加害者対立図式の中で被害者を位置づけることは、レベルの異なる思考である。これが区別されながらも同時に混同されるように、加害者という単なるラベル（記号）と実体としての加害者意識もまた、区別されながら混同される。それは、意味のないラベルが単独で存在することはありえず、ラベルは意味を伴うものであるとする、無意識の信念でもある。こうして加害者意識は、実体化されてしまう。被害者意識と加害者意識は、明確に区別されながらも、糸が絡まってほどけなくなったように分離しがたいものとなる。そういうことではなかろうか。

このようなトラウマを治療する方法は、さまざまに提案されている。トラウマは極めて辛い経験なので、避けられ、隠蔽される。しかしこの回避、隠蔽が、ストレス障害を慢性化し、悪化させることも知られている。したがって一つの治療は、患者をトラウマに向き合わせることを主眼とする。なかでも持続暴露療法（持続エクスポージャー療法）と呼ばれる療法は、高い効果を上げていると言われている。この療法では、トラウマが引き起こす心的外傷後ストレス障害を、トラウマという過去の経験と、現在の状況との混同にあると捉え、両者が異なるもので、たとえ過去の経験を思い出したとしても、それは現在とは無関係で安全なのだ、ということを繰り返し学習していく。そのためには、現在の環境に一切の危険がなく安全が保証されていることが条件で、それを理解してもらうことが要件となる。家庭内暴力の被害者などにとって、それが必須の要件であることは明らかだろう。

†持続暴露療法

持続暴露療法は、主に現実暴露と想像暴露という二つのプログラムから構成される。現実暴露とは、トラウマ体験を想起しないように、患者が現実に回避している事物、環境に向き合い、慣れていくことだ。想像暴露とは、トラウマ体験自体を想像の中で直接思い出し、その体験に立ち戻り、それに慣れていくことだ。現実暴露、想像暴露ともに、向き合うことで感じる苦痛を主観的に評価して点数化し（点数が高いほど苦痛が大きい）、現実暴露、想像暴露の繰り返しによって、苦痛の軽減を定量化し、患者に希望を持たせながら、ストレス障害を軽減するわけだ。

私の飛行機恐怖のような事例なら、効果は期待できるだろう。いや、むしろ、私は自覚のないままに、現実暴露と想像暴露をしてきたとも言える。フライトの日が近づくのを感じる、飛行場でフライトを待つ、安全と考えられる快晴のもとでフライトを体験する。これらは、私が、暴風雨の中の離陸を思い出さないよう、避けてきた環境だ。つまり、これを少しずつ実現することが、現実暴露に当たるだろう。こうして現実暴露にストレスを感じなくなるとともに、雷の中離陸していったフライトのことも、徐々に思い出せるようになってきた。これは想像暴露に当たるだろう。この両者によって、いまや私は、飛行機恐怖が飛行機嫌い程度に変化したと言っていい。つまり暴露療法は効果を発揮した。

もちろん、この暴露療法は、すべての心的外傷後ストレス障害に有効であるわけではないだろう。私は、とりわけ、サバイバーズ・ギルトを感じている津波の被害者などに、暴露療法はある種の困難さがあると考える。暴露療法は、トラウマ経験と現実とを区別することが目的となっている。この区別は何を意味するだろう。それは、現在それ自体と、現在をトラウマ経験の中に位置づけてしまうこととの区別である。私の飛行機恐怖の場合、当初、「天候の良い日のフライト」は、「それを暴風雨のフライトの経験の中に位置づけ、勝手に恐ろしいフライトと解釈すること」と混同された。しかし、いわばこの混同が素朴な誤った解釈と考えられるため、割合、容易にその混同を正すことができたのだ。両者を厳密に区別し、多くの現実のフライトは安全なのだ、という事実に慣れていくことができる。それこそが暴露療法だったのだ。

†暴露療法に抗う二重の困難

私が論じたようにサバイバーズ・ギルトが形成されるなら、そこには、被害者を被害・加害対立図式の中に位置づけることと、被害者それ自体を指示することの間の混同があった。それが、被害・加害の分離しがたいもつれ構造をもたらす、と考えられた。被害者をA、被害・加害の対立図式をBとすると、それは、「A」と「AをBの中に位置づけること」の混同となる。暴露療法が区別すべきものは、Aを現在、Bをトラウマ経験とした場合の、「A」と、「AをBの中に位置づけること」に他ならず、同じ構造を有している。つまり、一方で、被害者意識・加害者意識のもつれた構造の形成の基礎には、「A」と「AをBの中に位置づけること」の混同があり、他方、暴露療法は、「A」と「AをBの中に位置づけること」の区別を目的とする。

もちろん、心的外傷後ストレス障害一般に、「現在(A)」と「現在(A)をトラウマ経験(B)の中に位置づけること」を混同しており、この混同が正されることでストレス障害が軽減されるのだが、サバイバーズ・ギルトの場合にはより深刻で簡単に正すことはできないだろうと思われる。飛行機恐怖のような場合、トラウマ経験自体は端的な恐怖体験だが、サバイバーズ・ギルトでは、トラウマ経験が、加害・被害者意識のもつれ構造として変質しており、その変質をもたらすところに、すでに「A」と「AをBの中に位置づけること」が潜んでいるからだ。

つまりサバイバーズ・ギルトにおける混同は、単線的な混同ではなく、トラウマの根本に食い込んだ、入れ子構造をなしている。被害者意識をA'、被害・加害対立図式をB'としたとき、ここでのトラウマであるBとは、「A'」と「A'をB'の中に位置づけること」の混同に他ならない。したがって、サバイバーズ・ギルトにおける混同は、「A」と「Aを「A'」と「A'をB'の中で位置づけること」の混同」の中で位置づけること」との混同なのである。

もちろん、津波の被害者に認められるストレス障害でも、トラウマ体験の強度が脱色され、思い出すことで生じるストレスは軽減されるだろう。その点に関しては暴露療法と変わらない。しかし、それは「A（現在）」と「A（現在）をB（トラウマ経験）の中で位置づけること」の徹底した区別によって実現するのではなく、トラウマ経験が脱色することでしか実現できないのではないか、と思われるのだ。

むしろこの点において、創造や死を想うことが、強く関与していくのである。AをBにおいて位置づけること、をAそれ自体と考えることとは、ものを、ものの「価値」において捉えることに他ならない。ただし問題は、Bが確定的に書き下すことができず、無際限さに開かれている点にある。

飛行機恐怖のようなトラウマは、「AをBの中で位置づけること」が、位置づける意味

（価値）の領域の狭い範囲で限定できてしまい、無際限に広がっているとはいえない。ところが、加害者と被害者のもつれ構造は、入れ子構造を持つことで、意味（価値）の不確定さが強まり、意味は無際限に広がる。だから、その根本において、創造に潜む、無際限さを孕む価値を有するわけだ。

5　創造とトラウマ、死の問題

†朝の喧騒に茶を喫す

創造の本質は価値に依存する点にあり、価値は確定的に書き下そうにも、後から後から書き足りない部分に気づかされ、「これが価値だ」と決められるものではない。その無際限さが価値の肝なのであり、だからこそ、既存の価値からはみ出る創造は、あらかじめ規定できない外部との接触において起こるのである。この点は極めて重要な点だ。ここではとくに、この価値の無際限さに注目しながら、創造とトラウマ、それに死を感じることが、どのような意味で天然表現になるのか述べることで、天然表現のイメージをより明確にしておこう。

既存の価値から逸脱する創造と、既存の価値内部に留まることは、分離できるものではない。よく歴史上の武将や政治家などに対して、安定期に適した人物とか、動乱期にこそ真価を発揮する傑物、などといって、安定的で習慣的な時代と、それが変化する時代を分けてしまい、両者はまったく別なものだと考えがちだ。しかしそれは、安定期という価値観が明確に定義でき、無際限さを伴わないと（無意識に）仮定しているからに過ぎない。安定期の定義が明確な境界を持つからこそ、その内側の安定期とその外側の動乱期を分離し、その外側を稀に起こる特殊なことと考えてしまう。これは大きな誤りだが、このほうが理解しやすいため、そう考えるだけだ。

既存の価値内部に留まるとは言っても、価値が無際限さを含むとき、無自覚にそこから逸脱してしまうことがあり得るわけだ。それこそが創造である。創造は日常的判断の隣に、常に潜んでいる。

例えば、朝には緑茶を一杯飲み、それを楽しみにしていながらも、美味しく飲めるときと、そうでないときがあることを不思議に思う人がいたとしよう。その人は、「お茶を淹れる」とは、「急須に茶葉と湯を入れること」をその定義とし、そういうものだと考えていた。しかし、緑茶の美味さが湯の温度に関係ありそうだと気づき、電気ポットで沸騰した湯が冷めるまで待ち、それで飲んでみると確かに美味かった。それでも朝の喧騒時に、悠長にお湯が冷めるのを待つこともできず困っていた。ある日ふと、急須に茶葉と冷蔵庫の氷を一つ入れ、それから沸騰した湯を注ぐと、適温になり、美味しいお茶が飲めるようになることを見出し、以後、毎朝、速やかに美味しい緑茶が飲めるようになった。

氷を入れて熱湯を注ぐというのは、創造である。ここで既存の価値とは、「お茶を淹れる」という行為（の名前）と、「急須に茶葉と湯を入れること」という定義とを突き合わせることだ。この人は、それがぴったり一致すると信じていた。しかしそれは単なる思い込みに過ぎず、実際には、行為の名前とこの定義が一致することはなく、「お茶を淹れる」行為とその定義の間には、適切な温度や味わい、香りや、旨味に加えて、朝の喧騒の中での簡便さなど、さまざまな性格が無際限に入り込んでいたのである。それは、「お茶を淹れる」という行為を疑い、その意味を脱色する。「お茶を淹れる」とは、さまざまな意味を含み、だとすると、「湯呑みに茶を入れるに至るまでの行為」ではすまないだろうという感覚が脱色である。同時に、その「急須に茶葉と湯を入れること」の定義も疑われ、脱色される。さまざまな性格が定義に無際限に入り込む可能性によって、既存の簡単な定義は意味を失うからだ。その果てに、とうとう、「急須に氷を入れる」が招き入れられた。それは、お茶を淹れるという定義の外側にあるが、その実、その定義が無際限さに開かれ、その外側と思っていた場所さえ確定的に記述できないことから、「外部」にあるわけだ。

だから、それは創造なのである。

†創造と癒し

ここでトラウマの問題、とりわけ、被害者・加害者のもつれ構造を有するトラウマの構造を思い出してみよう。それは、被害者を、被害・加害の対立図式において理解しようとする果てに生じた。そして、「加害者」というラベルと、「実体を伴う被害者」の突き合わせを生み出し、結果的に被害者・加害者のもつれ構造を形成した。それは、「お茶を淹れる」という行為のラベルと、「急須に茶葉と湯を入れる」という突き合わせに対応する、突き合わせである。

「お茶を淹れる」が、この突き合わせに無際限さを取り込んでいたように、トラウマの場合も、この突き合わせに無際限さを取り込んでいる。なにしろ加害者というラベルは、被害者を被害・加害対立図式の中で無理に理解しようとする結果生じたのだから、これでいいのか、この枠組みがそもそもおかしいのではないか、という疑いに開かれ、被害者の意味に関するさまざまな可能性が、そこには潜んでいるからだ。

では、「氷を入れる」に相当する創造は、トラウマの場合にあるのだろうか。それこそ、トラウマにおける癒しであろう。ラベルと定義の突き合わせをしながら、その各々が疑われ脱色されることで、「氷を入れる」が創造されたように、加害者というラベルと実体を伴う被害者の各々が脱色されていく。それは暴露療法における想像暴露によって実現される、トラウマ原因の弱体化に他ならない。ここでは暴露療法と異なり、現実と、経験されたトラウマ原因との区別はなされないが、トラウマを直視するわけではなく、ただトラウマの原因イメージを脱色することで、癒しが実現されると考えられる。すなわち、外部にふれ現れる創造やトラウマの癒しは、同じく「作品化」であると考えられる。

死を感じることはどうだろう。死の絶対性に関する直観は、ものごころついた頃には直観されていた私の場合でも、最初は、生と死の対立図式の中での逡巡から始まったと思われる。この、「生」と「生と死の対立図式」の突き合わせは、「被害者」と「被害と加害の対立図式」の突き合わせに対応するものだ。トラウマの場合、その突き合わせから、被害と加害のもつれあった構造が出現したように、死の直観の場合、生と死の間の「もや」がかかったような逡巡が、これに対応するのだろう。

だとすると、被害と加害のもつれを引き受けながら、その強度が脱色される形で現れる癒しに、絶対的な死の直観は対応するのだろうか。いや、癒しが出来事として個物化され、「作品化」されているのに対し、死の直観は作品化されていないのではないか。死に関する感覚には、さらにその先がある。それこそが、死に関する天然表現、おそらく仏教で言う解脱《げだつ》のようなものとなるだろう。

はたして、創造とトラウマにおける癒しは、同じく天然表現であり、死に関する直観の先に天然表現が可能と考えられる。次章以降、この天然表現を、私が実践してみた、「はじまりのアート」の顚末を軸に論じよう。

第2章 外部へ出るために

本章では、「天然表現」を始めるに至ったいきさつ、および、天然表現の定義が述べられる。第一に、日本画家であるという以上に、芸術や創造それ自体を、現代アートの作家として考え尽くす中村恭子に、「できるんじゃないか」と背中を押されたから、というのが大きなきっかけになっている。同時に、私自身、生命のモデルや理論を考えるなかで、アート作品というものが、そもそも生命性を有するものだと考えるに至り、生命のモデルを立ち上げるように、作品を立ち上げられるのではないか、と思ったからである。

私が考えてきた生命のモデル、それが「天然知能」であり、それを作品として実装する過程、もしくは出来上がる作品が「天然表現」である。

そこでここでは、天然表現との関連がわかるようにいきさつを述べたのち、天然表現とは何かを詳しく述べることにしよう。

1 「ただ並べよ」という声

†「とりあえず」の積極性

日本画家の中村恭子と知り合いになったのは、彼女の博士論文の審査を頼まれてのことだった。日本画専攻などの場合、修了制作はもちろん絵画を描くことだが、博士という学位取得のため、並行して論文も書かねばならないらしい。しかし藝大の教授の多くは論文執筆を本業としないため、論文に関しては論文を書く専門の教員に審査させるとの説明を受けた。私は特例として学外から呼ばれたのである。

その後、当時、神戸大学の理学部地球惑星科学科に属していた私に、東京藝術大学から正式に連絡があり、論文の副査を引き受けることとなった。通常、博士論文というものは、主査である一人の教授が指導し、副査というのは、最終的な論文発表の直前に論文を読み、発表を聞く程度のものである。そういうものかと思っていると、正式な論文受理までに数回、六人の教授が集まり、毎回論文の進捗を審議するという。その際に何度か東京にまで行かねばならなかった。

中村の博士論文は、修了制作のテーマであったランの生命論を、昆虫であるハチと植物であるランの生物学的共生関係に注目し、それにまつわる哲学的、文化人類学的文献にあたりながら、縦横に論じたものだった。私の興味を引いたのは、ハチが「とりあえずいっとく」的な行動をするのではないか、というくだりだった。あるランは受粉をハチに助けてもらうため、メシベの形をメスバチそっくりに進化させた。オシベあたりで花粉をまとったオスバチが、この擬態に騙され、メシベに突進することで受粉が成功する。自然はなんとも巧妙だ、という説明が通常、これに続くわけだ。

しかし自身でランを栽培もするという中村は、こう言うのである。メシベはそこまで精巧にメスバチに似ているわけでもない。それは、実は、オスバチの方でもぼんやりとわかっているのではないか。そうであるのにオスは、「違うような気もするが、とりあえずいっとくか」という感じで、メスにちょっとだけ似たメシベに、突進するのではないか。「なぜ自然はここまで巧妙に……」といった議論を根底から覆すような、ぶっ飛んだ意見である。そして、この意見は的を射た話にも聞こえる。進化によって擬態が巧妙になるのを認めるとしても、はるか昔のランのメシベはメスバチとかなり違ったものだったろう。その段階でも、数は少ないものの、誤って突進するオスバチがいたに違いない。そうでなければ、擬態が洗練されていく進化の出発点さえ成り立たないからだ。

誤って突進するハチというのはどういうハチだ。これを中村は「とりあえずいっとくハチ」と考えたわけだ。それは、「メシベがメスバチではないかもしれない」と、その違いを重々承知しているか、もしくは、おかしいとわかっていながら、「いく」というハチである。

ハチが実際、わかっているか、わかっていないのか、それはまさにハチでなければわからない。それは当事者の問題である。そして生物学はもちろん、認知科学や心理学も、このような当事者性を排除する形で成立する。それは、最も仮定の少ない形で説明できるものを合理的とし、合理的であるように、いずれかに決めてしまう説明原理である。「とりあえず」ではなく「いっとくハチ」を考える。科学的説明はそのようなものとなるだろう。これをざっとみて、もう一度、中村の解釈の意義を考えることにしよう。

†見たいものだけ見る・見たいように見る

人間にかぎらず、さまざまな動物は、自らの狭い経験に依存して勝手に予測し、それで周囲を認識することが知られている。その結果、未知のものさえ、既知のパターンとして知覚してしまう。こうして、森の中の岩や木の影を人間と見て幽霊を感じ、「へのへのもへじ」を人間の顔に見るわけだ。

ネット社会では、各人が自分の見たいものだけを見て、小さなコミュニティに分断されてしまう、と批判される。しかし「見たいものだけ見る」はネット社会固有の現象ではなく、人間一般がそうだということになる。その先に、経験に依存して、自分がパターン化しやすいもの「として」何でも見てしまう、すなわち、「見たいように見る」があるわけだ。

だから、あまりメスバチに似ていないメシベに飛びかかることは、「見たいように見る」ハチとして、十分説明できる。オスバチはわかっていて、あえて、メシベに飛びかかるのではなく、木の影を幽霊と見るように、あまり似てないメシベにメスバチを見ているだけ、というように。

それは、自分の経験を絶対的なものとして基礎づけ、そこから認識にバイアスをかけることと理解できる。このような認識の仕方は、ベイズ推定と呼ばれている。このとき、本人（オスバチ）はその誤認識に自覚がない。つまり自分の想定する世界は経験によって確定され、その外部（外側ではない）については気にすることがない。自分がうまく生きていくだけの予測であり、バイアスのかかった認識によって、「自分の世界」が作られるだけで、あえてその外部へ飛び込む蛮勇のようなものなど、ここにはない。

これに対して、わかっているのに「とりあえずいっとく」行動には、よくわからない外部へ踏み込む積極性がある。オスバチも、メスではないとぼんやりとわかっている。しかしもちろんそこに確実性はない。だから、いってみる先は、自分の想定した範囲かもしれないが、まったく窺い知れない外部かもしれない。だからオスバチは、外部への賭けに打って出ている。

自分の経験だけに依存して未知のものを知覚するベイズ推定の場合、もちろんそれも、「オスバチが、人からみてメスバチに見えないメシベに突進する」ことを説明はできるだろう。「彼らは勘違いしているのだ」で説明は終わる。

ハチではなく、当事者として「いっとく」人間が、そう言われたらどうだろうか。立体的な人や事物を、展開図のように描いて「キュビズム」を創始したジョルジュ・ブラックやパブロ・ピカソは、もちろん、描いたもの自体のように、網膜に映じられ、見えていたわけではない。しかし、例えば、彼らは、いつも平面になった箱を組み立てて箱を作るアルバイトをしていて、だから何でも、展開図として見ることが経験的に習慣化されてしまった。だから立体でさえ、「展開図として」見ていた、といった説明は可能となるだろう。

これは極端な言い方だが、生物学のように芸術を論評することなど、簡単だということだ。しかし、それは、あえて当事者性を失わせる作業となる。それは、作品を創作する実相を論じるものではないのではないか。

そう考えると、中村の言う「とりあえずいっとく」は、ランとハチの関係を生物学的に論じたものではなく、アートとして論じたものと言えるだろう。いや、しかし、ここから翻って、「とりあえずいっとく」ハチを論じることができるなら、科学内部でさえ、当事者性という問題を扱える可能性があるといえるだろう。中村の博士論文は、自分にとっても重要な論点を含んでいた。そしてその後、知覚や認識、創造性といった問題について、中村といろいろ議論することになる。

†書き割りと外部

『TANKURI──創造性を撃つ』の執筆に向けて、中村が山本探川の『宇津の山図屛風』(一七五五〜六九年)を示し、私に問うてきたことがあった。

まず、それは、いかなる日本画か。古今和歌集で有名な在原業平《ありわらのなりひら》が都落ちし、現在の静岡県、宇津の山を越えて東へ行く。その業平が通っただろう山道と、周囲の宇津の山並みを描いたもので、山は、日本画独特の、花札の「坊主」のような平坦で丸い意匠で描かれている。この平坦な板のような山が、写実的で立体的な山なんかより、ずっと存在感がある、と中村は言う。それは、山の向こうから阿弥陀如来が来るような、そういった、人智を超えた感じなのだという。その存在感と、この平坦な山とは何か関係がありそうだが、どうなのか、というのが中村の問いだった。

中村の感じているものにピンときた私は、「この山は書き割りなのではないか」と言ったのである。書き割り、それは、舞台などで板に描かれた背景画であり、通常、「まるで書き割りのようだ」と言えば、それは表面的で薄っぺらな偽物という、悪口でしかない。しかし私は、「書き割り」を否定的意味で使ったのではなく、むしろ極めて肯定的な意味合いで使ってみたのである。

日本画の一枚板のような山は、琳派《りんぱ》に典型的に見られる技法だ。琳派とは、『風神雷神図屏風』で有名な俵屋宗達から始まり、その百年後に宗達に私淑する尾形光琳が現れ、また直接関係することなく私淑する関係が、酒井抱一《ほういつ》、鈴木其一《きいつ》へと継承される日本画の一派である。その俵屋宗達からして、書き割りの宇津の山をモチーフとした『蔦の細道図屏風』を描いている。

日本画における書き割りの山は、背景を模した「記号」なのではない。そもそも人間の目は、多くの場合、左右の目に映じられる風景が異なり（これを両眼視差と言う）、この視差を利用して脳が遠近感や立体感を計算している。したがって、両眼視差が顕著な近くのものは問題ないものの、遠方にあるものでは両眼視差は認められず、立体感は計算不能となる。つまり遠方の山は、遠近感がなく本来的に一枚の板のように知覚されている。

夕暮れの遠方の山並みや、街角から見える圧倒的な雲など、私は、そういうものに出会って、まるで大きな板が迫ってくるように感じることが度々ある。それこそが、琳派が志向し、山本探川《たんせん》が描いた「書き割り」なのだと思う。

それは、世界の中で、いま相対的に遠方に見える風景なのではなく、主観的に常に現れる認識の限界であり、当事者における「世界の果て」なのである。このとき「わたし」は、書き割りの山で世界が終わるのではなく、「わたし」において知覚や認識の限界は壁のようにあるが、そこで終わりではなく、書き割りの向こう側に「知覚できないが存在する外部」を感じることができる。

日本画における「書き割り」は、自らの限界を知った上で、外部を感じる装置なのだ。というようなことが、私の、中村の問いに対する答えだった。その世界観は、認識するものがすべてであるとする世界観よりも、ずっと奥の深いものではないか。それで大いに議論は盛り上がり、「外部を感じることこそ創造だ」という、その後の展開へとつながっていったのである。中村はその後、世界を無限遠まで見渡す西洋画の遠近法と「書き割り」を比較する、哲学論文を著している。

外部を感じること、それは「アート」に限定されるものではない。理科系で生物の行動や計算概念の拡張を専門としてきた私は、生物の通常の振る舞いや、一つ一つの計算、例えば「2たす3は5」といった計算にさえ、創造を考えてきた。次の瞬間、とんでもない答え、例えば、小学生が言うような「にい・さん、つまり兄さん」などが答えになるかもしれないからだ。このように、「外部を感じること」は、私において、理科系のテーマとして展開されてきた。しかし「アート」はもとより、何かを表現することは私の埒外だった。

そういう状況で、日本画家の中村が言ったのである。「郡司さんは確かに、造形に関し

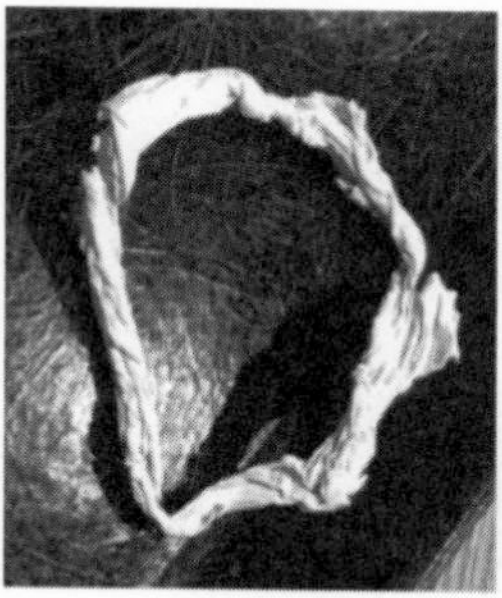

図２−１　ちぎって丸められた箸袋やストロー袋

て技術はない。でも、昔、早稲田の理工学部のキャンパスで三輪（敬之）先生が積み木のワークショップをしたとき、郡司さんも参加して、人とは違う、異形のものを作っていた。それは知的なものの作る造形ではなく、何か虫の作るようなものだった。確かに郡司さんは、飲み会のときなど、箸袋やおしぼり袋など、無意識にちぎっては丸めて並べている（図２−１）。ただ並べる、しかしそれはまったく出鱈目なものでもない。それはある種のセンスだ。ただ並べてみる。それは何か、できるんじゃないですか」。

確かにそうかもしれない。無作為の作為、こういう感じが自分の「並べる」にはあるのかもしれない。それは、「外部へ出る」ことの、非常にわかりやすい実践となるだろう。やらねば、なるまい。

2　想定外へと踏み出す

†蕎麦かラーメンか

ただ並べることが創造となる。しかし、それは「やってみよう」と思ってしまった瞬間から作為となり、意識することでわざとらしいものになるだろう。箸袋をちぎって並べることなど、無意識にやっていることだし、積み木のこともほとんど覚えてない。何を作ったとか、まるで記憶にない。それをあえて「ただ、並べる」とすると、意識することで並べられなくなる。

何を並べるか。どのように並べるか。それは積極的に構想するのではなく、外部に触れることで、虫のように並べなくてはならない。つまり能動的にデザインし、並べるのではなく、徹底して受動的に、並べられるようにする。それが、外部に触れるということだ。だとすると、できることは、いかにして外部を呼び込むような準備をするか、である。受動的な準備の構造だけなら、能動的に積極的にデザインできるだろう。獲れる魚が何かは受動的なので決められないが、それを捕獲する網は、能動的に設計し作ることができる。

それは、並べるデザイン以前のデザインなのである。それをどうするか、まさに今まで培ってきた、創出や進化に関する構造化を、きちんと構想する必要があった。

大学で、お昼をラーメンにするか蕎麦にするか、散々迷った挙句、帰って寝ることに決めた。自分には、得てしてこういうことが、よく起こる。人によっては、そんな馬鹿な、と思うかもしれない。なにしろ、選択肢二つの中で選んでいたにもかかわらず、その土台を台無しにするというのでは、お話にならないからだ。しかし、この「帰って寝る」がいかにして現れるのか。これは考えるに足る問題だろう。それは素朴ながら、創造の種に関与しているからだ。

「帰って寝る」という選択肢は、人が評価してくれるような、素晴らしい選択肢ではない。せっかく食事をして空腹を満たそうとするところ、帰って寝るのは消極的であるし、何人かと食事に出かけ、せっかくこれから何か美味しいものを食べようというところで、帰って寝ようなどと言えば、みんなから総スカンを食うだろう。ただ、ここで考えるに足る問題だと言っているのは、「帰って寝る」こと自体ではない。そうではなく、思い悩んでいた当事者さえ、二者択一だと思っていたにもかかわらず、そこから抜け出せた理由が、考えるに足る問題なのである。

選択肢はどう考えても二つしかなく、それで尽くされたとしか考えられない。その上、その二つが両立することもあり得ず、そのどちらかを選ぶしかない。こういう閉塞的状況の例として「ラーメンか蕎麦か」の問題が成立している。このような、選ぶことができない状況では、よくよく吟味して決定するか、どうしても選べなければ、コインでも投げて、裏か表かの偶然に任せるしかない。いずれにせよ、尽くされていると考える選択肢の外部に出ることなど、できっこない。これに対して、「帰って寝る」は、外部へ、やすやすと抜け出しているのである。いかにして外部へ抜け出すことができたのか。これが、考えるべき問題である。

†蕎麦とラーメンの脱色

蕎麦かラーメンか選択に悩んだ挙句、という状態は、蕎麦とラーメンとで好みが拮抗し、蕎麦もいいし、ラーメンもいい、という状態だ。つまりそれは、「蕎麦を選びたい」かつ「ラーメンが選びたい」という状態である。この両立状態が、煮詰まりに煮詰まり、のっぴきならない状態になる。そして、この状態を解消しようと、そもそも蕎麦とはなんだったのか、ラーメンとはなんだったのかと考え始める。

蕎麦とは、蕎麦の殻の中に入った胚乳の部分を粉にひき、練り上げたものを、今度は押し広げて折りたたみ、細く長く切っていく。つゆは、鰹節で濃くとった出汁に、砂糖とみりん、醤油を煮て寝かせた「かえし」を混ぜて作ったものがいい。このような通常のタレに、胡桃《くるみ》のペーストを混ぜた信州の胡桃だれもなかなかのものだし、辛味大根を混ぜて食べる福井のそばも侮れない。しかし、蕎麦とは何かという問題は、そのような食品としての蕎麦自体だけの問題だろうか。小腹を満たすつもりで小粋に引っ掛ける蕎麦や、海苔や蕎麦味噌のような極力単純なつまみで日本酒を嗜み、ちょっとだけ蕎麦を食べようという蕎麦は、蕎麦屋のいなせな雰囲気や情緒をも含んでいる。となると、蕎麦は食品自体ではなく、その文脈が問題となる。

では蕎麦の文脈はどこまで取ればいいのか。蕎麦を食べようというそのちょっと前の自分の気分や体調にも依存するだろうし、財布にいくら入っているかにもよるだろう。というけど、翻ってその日の気分ってなんだ。前日、意外な人に論文が面白かったとでも言われれば気分がよく、前日の事務仕事の失敗が尾を引いて、心が晴れないということはあるだろう。しかしそれも一夜明け、雲ひとつない快晴でも見れば、すぐに気分も変わる。となると、蕎麦を規定する私の気分、さらにこれに関与する文脈は、どこまでが関与するというのだろう。えらいことだ。蕎麦とは何かが明瞭にわかっているからこそ、蕎麦を食べたかったはずだった。なのに、ラーメンと比較し、改めて蕎麦とは何かを考えようとすると、蕎麦の定義は発散し、何が蕎麦なのかわからなくなってくる。

もちろんそれは、ラーメンについても同じことだ。蕎麦と比較するために考え始めた「ラーメンとは何か」によって、最近のラーメンの多様さ、スープでさえ、豚骨系、鶏ガラ系、煮干しやあごだし系に、そのダブルスープ、鶏のパイタンスープといった広がりに、改めて気づかされる。そしてそれを選ぶ私の気分や体調に思いが及び、蕎麦と同じように、ラーメンとは何かがわからなくなってくる。

つまりこういうことだ。「蕎麦かつラーメン」の状態が作り出す緊張状態は、改めて蕎麦とは何か、ラーメンとは何かを問い詰めることとなり、結果的にその各々が何であるか、逆にその意味が曖昧になり、むしろどうでもよくなっていく。つまり、蕎麦とラーメンの意味が、脱色されてしまう。そこへやってきたのが、「帰って寝る」ということになる。

おや、だとするとこれは、何かに似ていないか。そう、トラウマと同じではないか。本来なら二者択一であるはずの被害者意識と加害者意識が、もつれにもつれ、両義的構造、つまり、「被害者かつ加害者」をつくり出してしまい、その脱色の果てに「被害者も加害者もなくなり」、そこへ「癒し」が現れた、あの津波の被害におけるトラウマ構造だ。被害者と加害者の各々を蕎麦とラーメンに置き換え、癒しを「帰って寝る」に置き換えれば、同じであることがよくわかる。ということは、トラウマの構造を一般化することで、創造の準備の構造が、明らかになるのではなかろうか。

3 トラウマ構造

†肯定的矛盾と否定的矛盾の共立

蕎麦かラーメンか悩んだ挙句、帰って寝るという選択に、トラウマ構造を見出し、むしろトラウマ構造を、創造の準備の構造として一般化する。これを考えていこう。両者に共通に認められた第一の構造、それは、二項対立的な二つの概念だった。二項対立とは、二つのものからどちらかを選ばなければならない、のっぴきならない状況であり、世界観である。

二つから選ぶなんて、人間は通常、そんな厳しい状況にさらされないのではないか。二つの間に、中間項や、グラデーションがいくらでもあるのではないか。そう思うかもしれない。

二項対立の二項とは、トラウマでは被害と加害であり、蕎麦かラーメンかでは、二者択一の選択肢である蕎麦とラーメンであった。この場合で考えてみても、二項対立が、必然的に現れることがわかる。蕎麦とラーメンの場合、いくら第三の選択肢として、うどんのような選択肢を用意しても、最後は、実際に食べる一つを選ぶのだから、二項対立に回収される。津波のトラウマでは、むしろ意識しなくても、被害と加害の二項対立の中で「端的な被害」が位置づけられ、サバイバーズ・ギルトが現れた。このように二項対立は、避けられない形で現れてくるのである。

第二に、想定された二項対立の項目がもつれにもつれ、共に存在するという状況が共通に認められた。それが「被害者かつ加害者」であり、「蕎麦かつラーメン」であった。二項対立的である二つの概念が、もちろん同時に存在することはない。共に存在することは矛盾を意味する。相反するものが共に存在する矛盾を、肯定的矛盾(肯定的アンチノミー)と言うが、まさに、被害者意識と加害者意識が共に存在する状態、そして、蕎麦とラーメンが共に存在する意識状態は、肯定的矛盾を実現しているのである。これが、二つの事例に共通な「第二の構造」である。

しかし、そのもつれ状態は、解消するわけではなかった。肯定的矛盾が完全に消えるということはなかったのだ。トラウマでは、肯定的矛盾のもつれ構造を維持したまま、被害者意識、加害者意識の各々が脱色される。蕎麦かラーメンかでも、蕎麦かラーメンかのいずれかに決定できないもつれた構造が維持されたまま、その意味が脱色され、蕎麦というただの記号、ラーメンというただの記号となったわけだ。この、構造を残したまま脱色されるという様子を、一般化して考えるため、構造を残すということと独立に、完全に脱色されたという状態をまず想定してみよう。

二項対立的状況があって、トラウマでは、強度においてその各々が存在せず、蕎麦かラーメンかでは、意味を理解する点においてその各々が存在しない。そういう状況が、完全に脱色された状態である。とするなら、それは二項対立的二者のいずれもが存在しないことで生じる矛盾であり、それは一般的に否定的矛盾（否定的アンチノミー）と呼ばれるものである。

世界は二項対立的な二者によって構成され、そのいずれかを選択するしかない状況と仮定されている。だからこそ、その二者を共に成立させることも矛盾（肯定的矛盾）だが、そのいずれもが存在しないことも矛盾（否定的矛盾）なのである。これこそ、トラウマと蕎麦かラーメンかの事例に共通な、「第三の構造」である。

こうして肯定的矛盾と否定的矛盾を各々定義しておくとき、トラウマとは、肯定的矛盾が作り出す二項対立的二者の「もつれ構造」を維持したまま、その二者の強度を限りなく弱めたものだった。つまり、ここでは、「もつれ」において肯定的矛盾が、強度を脱色する意味において否定的矛盾が、見出される。これは、両者が共に存在している状態、「肯定的矛盾と否定的矛盾の共立」という形式で規定できるものと考えられる。これを、「蕎麦かラーメンか」と「トラウマ」という、二つの事例に共通な、「第四の構造」とみなすことができる。特にこの、第四の構造を「トラウマ構造」と呼ぶことにする。

まとめておこう。二項対立的なものが、そこから抜け出せない閉域のように「わたし」を支配しているとき、対立する二項を共に成り立たせる肯定的矛盾と、共に否定する否定的矛盾が共立することを、トラウマ構造と呼ぶ。わたしがトラウマ構造にあるとき、わたしは、この閉域の外部を召喚し、外部に触れることができる。それが創造であり、癒しである。トラウマ構造は、創造のための構えであり、装置ということができる。

†肯定的矛盾の効用

トラウマについて考えてみると、被害者意識と加害者意識が脱色されることで癒しが実現されるのであり、それはトラウマ以前の日常を取り戻すことに思える。とすると、被害者意識と加害者意識の肯定的矛盾は、解消されるべき悪いものではあっても、わざわざ癒しを実現するために必要なものではないはずだ。しかし、これを「創造」一般に拡張して考える場合、肯定的矛盾は、必須なものとみなされる。どういうことなのか。

トラウマに苦しむ人々にあって、トラウマが雲散霧消し、それ以前の日常に戻ることは決してない。心の傷は完全に消えることはないだろう。それどころか、被害者意識と加害者意識の肯定的矛盾は、触れないように避けられ続け、心の奥底に無意識に隠され続けるはずだ。一見同義反復的に思えるかもしれないが、しかし、トラウマに苦しむからこそ、トラウマを脱色できる。

圧倒的な肯定的矛盾があるからこそ、これを脱色し、被害者意識、加害者意識の否定的矛盾に持ち込める。そのぐらい、トラウマの外部を受け入れることは困難だと思われる。とりわけサバイバーズ・ギルトにおいて、トラウマ構造は複雑な入れ子構造をなしている。肯定的矛盾と否定的矛盾の共立によって「癒し」を呼び込む構造の原器が、すでに肯定的矛盾、その単独の構造に見出される。被害者、加害者意識は隠そうとしても滲み出してしまい、思い出してはこれを斥けようとする。斥けるとは、ボールを打って向こうへ飛ばすようなものではない。斥けるべき対象が、ボールのように具体的な輪郭を持った個物ではないからだ。

斥けるべき被害・加害者意識は、形も不明瞭なままに、まとわり付いたら離れない。それを斥けるとは、被害・加害者意識の意味を変質させること、そのために、被害者、加害者意識を構想する文脈を、さまざまに変えていくことが必要となる。もちろん、意味は文脈や心身の健康状態、気温や天気などの環境にさえ依存し、かつ文脈、健康状態に環境は、コントロールできるものでもない。

しかし、だからこそ、被害・加害者意識のもつれ構造、すなわち肯定的矛盾は、文脈、健康状態や環境を、コントロールできないままに自ずと変化し続ける。思い出したくない、できれば封じ込めたい、肯定的矛盾は、制御できないからこそ、顔を覗かせ、制御できないからこそ、その意味を自ら変えることができる。かくして、肯定的矛盾はその構造を解消できなくても、その意味を脱色できる。肯定的矛盾と否定的矛盾は、本来的に共立するのである。

肯定的矛盾と否定的矛盾が共立する状況にあるからこそ、二項対立的な世界観から抜け出し、外部を召喚できる。それは、創造以外のなにものでもない。トラウマに苦しむ人間こそ、本来の意味で創造に開かれた人間なのである。

我々は通常、ぼんやりとした閉塞感を感じることはあっても、自分が閉じた世界に留まり、その外部が存在することすら気づけない。ましてやその外部と接触することなど考えもしない。創造しなければ、という切実な思いにとらわれたとき、創造しようとする意図、目標、目論見を見出し、実現に向けて動き始める。そのときこそ、まさに肯定的矛盾と否定的矛盾の共立が、創造への扉を開くのである。その共立は、しかし、創造の現場一般において、あえて構想しなければならない。

4 アートと日常

†デュシャンの芸術係数

創造における矛盾といえば、現代アートの創始者ともいうべき、マルセル・デュシャンを無視して通れないだろう。デュシャンは、大きな二枚のガラスの間に油彩や鉛の箔で描いたモチーフを挟みこんだ作品、『彼女の独身者たちによって裸にされた花嫁、さえも』（一九一五〜二三年）を代表作とし、現代アートの基礎を与えた作家と言っても過言ではない。彼自身の作品ではないと考えられている（女性詩人エルザ・フォン・フライタークが制作したと言われている）『泉』（一九一七年）は、しかし一般には、彼の名を広く知らしめる作品となっている。それは既製品である男性用小便器に「泉」という名前をつけた作品である。デュシャンは、これをR・マットという偽名で、おそらく展覧会で出品拒否となることを織り込み済みで、出品した。これがなんら作品としての価値を持たないとして出品拒否されると、デュシャンは、既製品であってもそれを選んだ時点でアートであるという意見広告を雑誌に掲載し、実は自身も選考委員であったその展示会の委員を辞したのである。

『泉』は、デュシャンが彼の講演録『創造行為』の中で述べる芸術係数という概念をよく表している。彼は、作品における意図と実現のギャップこそを、創造にとって必須の要件と唱える。通常、猫の塑像《そぞう》でも作ろうということになれば、「猫」を意図し、それを「粘土」で実現しようとする、と想像するだろう。その制作の当初、「実現」は、いわば単なる粘土の塊だ。その「意図」と「実現」を少しでも近づけ、できれば一致させることが、作品化ではないか。そう思ってしまう。

しかし、デュシャンは、芸術家とは意図と実現のギャップに立つ霊媒師のようなもので、そこへ何かを捉えようとしている、と唱えたのだ。その上で、意図と実現の間をどのように測るか、両者の関係を彼は芸術係数と呼ぶのである。同時にデュシャンは、意図と実現の関係を作家と鑑賞者の関係と二重写しにし、作家が何を意図して制作しようと、それは鑑賞する者には徹底して無関係であると述べている。

意図と実現のギャップというあり方と、異なる意図と実現を関係づけてしまうというあり方は、似て非なるものだ。意図を「泉」、実現を「男性用小便器」と見立て、作品『泉』を構想するなら、異なる意図と実現はあえて一致させられ、その一致させる文脈こそが現代芸術であり、コンセプチュアル・アートということになるだろう。多くの場合、デュシャンはそのように受容され、だからこそ、デュシャン以降、アーティストは何を作品としていいかわからなくなったとさえ言われる。しかし『泉』は特定の文脈や条件のもとで意図と実現を一致させ、その一致を強要する形で芸術作品を強要するものではない。ところが現代芸術ではむしろ、文脈を知らないと芸術は成立しないという者さえ存在し、芸術を殊更に「むずかしいもの」にしてしまっている。

意図と実現のギャップというあり方は、肯定的矛盾と否定的矛盾の共立によって、より明確になる。意図は本来抽象的なもので理念的なものである。他方、実現は現実における着地点であり、物質的であり、パフォーマンスであってさえ一個のものとして個物化している。そのような、思考の水準を徹底して異にする意図と実現が混同されることこそ、肯定的矛盾となる。それは、数学的構造に音楽を感じ、観念に色を見出し、理念に幾何学的構造を見出すことである。

この肯定的矛盾は、それ自体、作品であるかのようだ。しかし、異質なものの混合物は端的に閉じていて、外へ開かれない。作品自体が閉じないからこそ、その「穴」へ外部を召喚するわけだ。「泉」という意図と「男性用小便器」という実現が矛盾したまま一致するだけでは、その一致させる条件、文脈が、限定され後付け的に発見されて終わるだけだ。それこそがコンセプチュアル・アートという文脈だった。これに対して、意図と実現を一致させようとしながら、そもそも「意図」や「実現」がその意味を変質させ、変わっていくものなら、意図と実現を一致させようとする試みが、何を一致させようとしているのかさえ、わからなくなる。その意味で、異質な意図と実現は脱色され、否定的矛盾を共立させることになる。このとき、意図と実現は意味を変え続けることでそのギャップを、徹底した空白として担保し、外部を召喚する仕掛けたり得るのである。

意図と実現を一致させようとしながら、それを禁じよ。この自家撞着に満ちた条項は、論理的にはほぼ不可能だが、周辺に広がる文脈や条件に満ちた現実世界では、文脈や条件のコントロール不可能性によって、逆に可能となる。こうして芸術係数は、肯定的・否定的アンチノミーの共立として再定義される。

†初めて食べるラーメンの意味

異質なものを共に肯定し、さらにそれを共に否定する。その構造自体が、作品化を召喚し、しかし作品もまた、このトラウマ構造を体現することで外部を召喚する。創造とはそのようなものである。外部を召喚する、という部分だけ耳に入れる者は、「そんなこと当たり前じゃないか」と言い、肯定的矛盾と否定的矛盾の共立を論理的に解釈しようとする者は、「意味不明」と言うだろう。

当たり前だと言う者は、創造の体験がなく、創造された作品だけを見てきた者だろう。

意味不明という者は現実の世界で切実さを持ったことがなく、食うために専門領域を確保し、それが乱されないよう、その範囲の策定に躍起になっている者だろう。いずれも、変化のない日常に安住した大人の言い分である。

日常の中に創造の原器を見出し、そのような意味での大人のあり方を忘れた方がいい。それは赤ん坊であった頃を今、思いだし、赤ん坊になってみることだ。もちろんそれは簡単なことではないが、ヒントになる事例を述べてみよう。

自分が初めて「ラーメン」を食べる者だと想定してみよう。この「初めて」という点が赤ん坊なわけだ。「ラーメンって美味しいもんだぜ」と言われて、うまいラーメン屋を紹介され、一杯のラーメンを食べるのである。スープの絡んだ麺をすすり、シナチクを口にしては、チャーシューを一口だけ齧る。このとき、改めてあなたは、「ラーメンってうまい」と感嘆する。

ところが、何しろあなたは初めてラーメンを食べたわけなので、「ラーメン」という一般概念が、この店の、この一杯のラーメンに一致してしまうわけだ。ラーメン一般とは、複数のラーメンを束ねた理念的概念に思える。対して「このラーメン」は、現実の個物、そこにあり、「わたし」が味わう一杯である。したがって、「ラーメンってうまい」という感嘆には、理念的ラーメン一般と個物的なこのラーメンとが同時に含まれている。したがってそれは、理念と個物という異質な二者を共に肯定しているのである。すなわち、それは肯定的矛盾を満たしている。

同時に、一杯のラーメンを食べ終わり、「ラーメンってうまい」と思った瞬間、あなたは「ラーメンってこんなにうまいなら、もっと他のラーメンも食べてみたい」と思うに違いない。それは何を意味するのか。この一杯のラーメンは、他でもあり得るラーメンという意味を持つことで、今食べ終わったラーメン自体から逸脱し、今食べたこのラーメンを脱色する。ラーメン一般という概念は、食べ終わったラーメンのみによって構想されたものだったが、その輪郭をぼやかし、カタツムリが足を伸ばすようにその透明な輪郭を延長し、潜在するラーメンを獲得する。それによってやはり、食べ終わったラーメンの性格によって構成された一般的ラーメンは、脱色されてしまう。こうして個物としての「このラーメン」も理念としての「ラーメン一般」も、共に、脱色される。ここに両者の否定的矛盾が成立し、肯定的矛盾と共に「トラウマ構造」を実現していることがわかる。だから、あなたは、新しいラーメンを探しに行くのであり、はたして新しいラーメンが「やってくる」のである。

第3章
作品における穴

本章では、肯定的矛盾と否定的矛盾の共立を、実際の作品、特に小説の中に見出し論じていく。ここで取り上げる小説は、第三の新人と呼ばれた吉行淳之介と、現代作家保坂和志の短編である。吉行も保坂も、取り立てて大きな物語を立ち上げることなく、日常の中に、外部を見出せる作家と言える。

もちろん、ドラマ性のある作り、異常な状況設定の中に、外部を構想することは可能である。しかし、平凡で何もなく、見過ごされがちなものの中にこそ、外部を見出す、吉行や保坂の心性は、本書の底流にある心性と通じるものがある。そういう理由で、この二人の小説を論じるのである。

1　小説に見出されるトラウマ構造

†「意味」という綿毛

前章では、外部に接続する装置、外部を召喚する構造としてのトラウマ構造を説明した。創造とは、外部に接続し、外部を召喚する行為である。だとすると、トラウマ構造とは、創造のための準備であり、心構えではあっても、それ自体が創造となることはない。読者はそう思うかもしれないし、もしそうなら、トラウマ構造とは、制作に対する単なる準備体操ぐらいに過ぎない。そのあと、何を創造し、どう作品化するかなどまるでわからない。そうであるなら、何の役にも立たないではないか。

小説を例にとってみよう。小説は創造の結果として得られる一個の作品であるから、本書の文脈で言うなら、外部から降りてくるものだ。これ、すなわち霊としての小説を降ろすための、いわば降霊の儀式こそがトラウマ構造である。ならば、降りてきた小説自体は、トラウマ構造とは無縁ではないか。

ところが、そうではない。小説とは読み手の存在するものであり、読書体験とは、読み手が外部を召喚するための、召喚の儀式なのである。つまり読者もまた読書を通して、創造するのである。創造をうまく助けてくれる小説こそが、本当の小説なのであり、読書を体験として実現してくれる媒体なのである。

小説によって外部を召喚する。もちろんそれは、小説を自分なりに曲解せよ、と言っているわけではない。いや、正確には、「あえて曲解せよ」と言っているわけではない、というべきか。小説は、いずれにせよ読者一人ひとりにおいて、異なる「読み」を実現する。一篇の小説が、誰が読んでも同じ意味の小説として受け取られるなど、ありえない。「おかあさん」という言葉も、現実に母親が存命か否か、優しく育ててもらったという思い出があるか、逆にいわゆる毒親体験というトラウマになっているかなど、「おかあさん」という言葉を受け取る読者によって、多様に変容するだろう。「胡瓜」はどうか。胡瓜の青臭さや、歯触りに夏の爽やかさを感じる人もいれば、その匂いが少しでも他の食材に触れただけで嫌だ、というほど嫌う人もいる。その感覚の違いを超えて、農作業のかたわら胡瓜を丸齧りする描写に、同じ意味を求めることなど、土台無理な話なのである。

言葉の一つ一つ、「おかあさん」や「胡瓜」の一つ一つに、タンポポの綿毛のような、ふわふわとした「意味」が纏《まと》わりついている。その意味がどのように変容し、どのように状況によって変わるかなど、その綿毛の鋒の動きなど、どんな高倍率の顕微鏡を持ってしてもわかるものではない。何しろ聞き手のそれまでの経験どころか、ちょっとお腹がすいたとか、恋人からの着信があったとかいうだけで、聞き手における状況は変化し、「意味」は変わってしまうのだから。

†読書という降霊儀式・小説というその装置

ジグソーパズルでは、ピースの形や絵柄を確定し、他のピースとの関係をただ一つに確定する。それはピースの意味を確定する作業だ。この作業の果てに、ただ一つのパターン(全体としての絵画や写真画像)が完成する。小説は、ジグソーパズルではない。言葉の意味は、ピースの意味のように確定できない。だから読書とは、言葉の周囲に纏わりついた綿毛＝意味を絡めながら、一人ひとりの読者において、一個の織物を紡いでいくような体験となる。

一つの言葉の辞書的な意味、例えば「胡瓜」における「瓜科の日本の夏野菜の一つ」のような意味は、ジグソーパズルの絵柄のように確定的ではない。いや、辞書的な意味は確定的であって、だからこそ、「瓜科の日本の夏野菜の一つ」の意味するものを、胡瓜の好きな人も嫌いな人も同じ「胡瓜」であることを知ることができ、ある人は「胡瓜」に好ましいイメージを纏わせ、ある人は「胡瓜」に鼻をつまみたくなる嫌な青臭さを纏わせる。そういうことではないのか。ところが、確定的だと信じられる辞書的意味と、その周囲の綿毛のような「意味」とは、安易に分離できるものではない。

「瓜科の日本の夏野菜の一つ」という意味は、一般に信じられるように確定的ではない。胡瓜は夏野菜には違いないが、寒過ぎず暑過ぎずといった温暖な地でこそ栽培可能で、亜熱帯のような場所は栽培に適さない。だから、平年より異常に暑い夏には不作となるし、現代のように地球規模での温暖化は、本州で胡瓜が獲れなくなることさえ意味するだろう。つまり日本の天候次第という状況は、「胡瓜」の綿毛のような意味を形作るが、状況が地球規模の温暖化さえ考慮すべきときには、単に「胡瓜」を修飾するのではなく、「胡瓜」

自体の辞書的意味さえ覆してしまうのである。

何しろ温暖化は、胡瓜から「日本の夏野菜」という意味を剝奪してしまうからだ。それだけではない。「瓜科」という概念ですら、永久不滅の概念ではない。生物の分類体系は、新たな生物学的知見によって、変わり得るからだ。このように、「胡瓜」の辞書的意味さえ確定的ではない。

小説を読むことは、ジグソーパズルの正解を得るように、小説全体を通しての、たった一つの正しい意味を確定することではない。そうではなく、読書が、纏わりついた意味を紡ぎながら、一枚の織物を編む体験であることは、もはや明らかであろう。綿毛のような意味は、言葉それ自体では確定されない状況、すなわち「言葉の外部」を絡めとっていく。それは言葉だけが、機械的に絡めとるのではなく、言葉と読み手の共同作業によって実現される。こうして読書は、言葉の列としての小説外部を召喚し、絡めとることで、「小説の読書」を実現するのである。

したがって小説は、読み手が読書において、外部を絡めとりやすい構造をとっているはずだ。読書が、織物のような「読み」を降霊する儀式であるなら、小説はその儀式を実現する装置である。まさしく前章の意味で、「外部を召喚する装置」なのである。だから、小説はトラウマ構造を担保していると考えられる。

2　吉行淳之介の短編

†「いのししの肉」に流れる日常

小説の中に見出されるトラウマ構造、これを見ていくために、吉行淳之介の晩年の短編、「いのししの肉」（一九八九年）を読み解いていこう。もちろん、読み解くなどといっても、どうということはなく、それは私における「読み」に過ぎないわけだ。

この小説は一本の電話から始まる。それは、刑務所を出所したヤクザと思しき男、浅田という見ず知らずの男からの電話だった。自身の獄中記が、きっと小説の材料か何かに役立つだろう、それを買ってくれないか、という依頼だったのである。小説家である「私」は、あまり期待もせず、しかしうまくすれば確かに面白い話が聞けるかもしれない、そういう程度での心持ちで、浅田の訪問を受け入れるのである。

玄関で待つ浅田を出迎えると、缶入りの山葵《わさび》漬と豆大福の包みをぶら下げた浅田が立っている。綺麗に刈り込まれた短髪の頭や、吹き出す玉の汗、それは「街の電気店の主人のような」実直さを彷彿させながら、直接的な描写はないものの、しかし、微かに「突然キレる」かもしれない緊張感を醸し出している。実際、浅田の話を聞いてみると、数多ある刑務所体験の一つに過ぎないもので、小説の題材となるようなものではなかった。「私」は聴き終わって、封筒に収めた何がしかの金を渡し、引き取ってもらう。

浅田はその後も訪問を繰り返す。そう頻繁ではない。しかし忘れた頃になると、山葵漬と豆大福を持って現れ、雑談をしては、金を受け取り、帰っていく。「私」は、浅田に親しみの感情を持ちつつも、ヤクザであることを忘れることができない。「私」は、ヤクザに対する生理的恐怖を、「上側は乾いて硬く、腹のほうはぶよぶよ軟らかい」蝗《いなご》に喩える。それは、浅田とうまく付き合いながらも、その底流に流れる「私」の躊躇《とまど》いの感覚に違いなかった。

そういう「私」の心情を知ってか知らずか、浅田から「猪は好きですか」という電話が入る。浅田から送られてきたいのししの肉を、ささがき牛蒡《ごぼう》をたっぷり入れた鍋にして、「私」は味わうことになる。

「いのししの肉」というこの掌編は、章立てされているが、途中、一章を割いて唐突に夏目漱石の小説「夢十夜」が語られる。「私」はその中の一つの物語を、主人公が村はずれの杉の木の下に差し掛かると、百年前ヤクザに斬り殺されたことを思い出す、という話として記憶していたが、改めて読んでみると違っていた。村はずれの杉の木に差し掛かるまでは同じだが、主人公が殺されたのではなく、逆に、百年前、盲目を斬り殺したことを思い出した、という話だった。そういう記憶違いをしていた、ということだけが、この独立した章の中で述べられるのである。

「夢十夜」の章の後、しかしまた、相も変わらず、浅田は忘れた頃にやってきて、いのししの肉を送ってくる。そのような日常がまた淡々と描かれる。「いのししの肉」はあらまし、そのような小説である。

†「いのししの肉」の構造

私は、大学一年の頃、吉行淳之介の小説にはまり込み、その小説やエッセイはもとより、吉行が言及する作家も読み漁った。当時の大学生が読むものといえば、大江健三郎や安部公房、高橋和巳あたりで、私もそれらは読んだが、吉行を読むというと「それはサラリーマンが読む小説だろ」と揶揄された。私が好んで読んだ第三の新人、安岡章太郎、遠藤周作、島尾敏雄、庄野潤三らは、実存的な戦後派文学と、芥川賞自体の報道が熱を帯び、大いに期待された石原慎太郎、大江健三郎、北杜夫らの世代の間に挟まれ、私小説を中心としたその作風に、「小粒」であるとの批判が浴びせられた。吉行のこの「いのししの肉」は、そのような批判の矛先に位置する短編だ。

なぜなら、そこに描かれるのは、別にどうということもない、作家の日常であり、その日々の中でふと思いついたように言及される、「夢十夜」に関する記憶違いである。このような思い違いに気づくことは、日常の中に溢れており、その意味で「夢十夜」に関する挿話は、「いのししの肉」に描かれる日々がまさに作家の日常であることを補強するものと思われる。おそらく、通常、吉行の、いや第三の新人の著作の多くがそのように「流し」読まれ、その小説としての意味を無視されてきたのだろう。

私は、「いのししの肉」を次のように読んだ。「私」と浅田の交流を通して、そこには、ヤクザの凶暴さを隠した浅田と、市井の文化人である「私」との対比がある。それは暴力に対する加害者としてしか想定されない浅田と、被害者としてしかありえない「私」の非対称性である。

この加害・被害の非対称性が担保されながらも、「私」は浅田に電気店の主人のような、すなわち被害者としてしかありえない市井の人間と、蝗《いなご》のような加害者の顔の両義性を見ていくことになる。それは被害、加害という相容れない性格の共立である。

だからそれは、「甘い」と「酸っぱい」の同居した「甘酸っぱい」味のように、調和として直観できるようなものではなく、加害と被害の反転の反復を、一瞬の中に封緘したような、本質的な不安定さを有している。浅田を客間にあげ、雑談をし、いのしし鍋を食べる淡々とした日常の中に、何か禍々しいことの予兆を秘めるかのごとく、加害・被害の両義性が息を潜めている。それは、まさに被害・加害に関する肯定的矛盾（アンチノミー）なのである。

被害・加害の肯定的矛盾は、雲散霧消するわけではない。しかし、それはやがて透明に脱色されていく。その脱色の装置こそ、漱石の「夢十夜」に関する思い違いだ。ここで「私」は、物語の主人公が、村のはずれで百年前切り殺された、すなわち、被害者であると認識していた。ところがこれが逆で、実は百年前、主人公は、人を殺めた加害者であったのだった。被害者であると思っていたら、加害者だった。「私」は小説の大事な結末を、思い違いしていたのであった。

†「いのししの肉」に見出される否定的矛盾

百年前に切り殺されたというのは、ヤクザに殺されたのだ。この状況が、ヤクザである浅田の訪問を受け続ける、被害者としての「私」の暗喩であることは明らかだ。この被害者であるという状況が、「私」の思い違いだったという形で反転する。被害者だったのではなく、加害者だったというのである。

では、これは文字通りの反転なのだろうか。例えば、周囲から嫌がらせを受ける、一方的な被害者であると主張していた男が、実はことあるごとに難癖をつけ、もっとひどい嫌がらせをしていた加害者だった、というように。

もちろん、そうではない。「私」がしていた思い違いは、「実害を受ける、与える」意味での被害・加害ではなく、「被害者を意識する、加害者を意識する」というレベルでの被害・加害の思い違いに過ぎない。実害のやりとりがある被害・加害の反転では、ありえないと思われた非対称性が乗り越えられ、被害者が同時に加害者でもあり得る現実を突きつける。それは、被害・加害に関する肯定的矛盾に違いない。

実害とは無縁の、言葉の上での被害・加害の反転は、仮想的な世界での意味の移動に過ぎない。そこには現実に経験される圧倒的な非対称性はなく、テーブルの上の右にあった皿を左に移動するような気楽さがあるだけだ。

しかも、「夢十夜」の被害者、加害者は、物語の世界の中ですら、現実ではない。百年前のことを思い出したという感覚だけの話である。その物語の内容を、「私」が思い出すというように、被害者、加害者には二重のフィルターがかかり、両者の間の現実における差異は、中和されてしまっている。だからこそ、「私」は被害者ではなく加害者だった、という思い違いを、テーブルの上の皿を動かすように、実現するわけである。

「夢十夜」に関する思い違いに気づいたことで、私は、被害・加害に関する否定的矛盾を構成することになる。第一に、「私」は、現実における浅田と「私」との加害・被害関係と、「夢十夜」の物語の中での加害・被害関係とを重ねて見ていたが、物語の結末を逆に覚えていたことに気づいた、という理由で、加害・被害の反転を経験する。この反転と同様に、圧倒的加害者とみなされる浅田と、被害者として想定される「私」との関係も、反転可能ではないか、ということに、「私」は気づくことになる。

第二に、ところが、「私」は被害・加害関係の状況が二つの局面で違っていることに気づくはずだ。浅田と「私」との関係は、現実の、実害を伴う関係であるが、「夢十夜」の中での被害・加害関係は、仮想的で理念的なものに過ぎないのだと。しかし、最終的に第三の段階が「私」に訪れることとなる。

たしかに現実と仮想とは違っているとしても、浅田と「私」の関係は、実際、実害を伴うような現実なのだろうか。加害者・被害者を明確に分離できるような関係性なのだろうか。いや、そんなことはない。何も実害などなく、「私」が勝手に怯え、勝手に夢想しているだけだ。だとすると、現実における加害・被害関係と、仮想的な加害・被害関係を区別することに意味があるのだろうか。区別できそうでいて、現実と仮想の間は曖昧で、むしろ移ろいゆくようなものではないのか。「私」はそのように思うだろう。

この第三段階こそが重要だ。圧倒的に異質な被害・加害関係を考えるとき、両者は二者択一的で、共に成立することはなさそうだ。「夢十夜」での加害・被害の反転は、両者が簡単に移動でき、加害・被害が両義的に認められる状態を示唆しているようにも思える。しかしそれは、「私」がヤクザで実直な浅田に感じている加害者、被害者の両義性、すなわち肯定的矛盾とは異なるものだ。

浅田に感じられる両義性は、まさに異質で共立不可能なものの両義性なのだから。反転可能な加害・被害関係が現実の関係ではなく、仮想的な関係であるという認識を経由した上で、現実と仮想の区別が無効にされる。そんな区別はナンセンスだ、と。それは、圧倒的に異質な被害・加害関係のあり方を否定し、当初の被害者・加害者という概念自体を否定するものだ。だから、第一から第三の段階を経て、「私」は被害・加害関係に関する否定的矛盾（被害も加害も否定する）に到達するのである。

とはいえ、被害・加害関係が客観的に、原理的に非対称な関係を持っていることを証明できなくても、我々は通常の意味で被害・加害という言葉や概念を使用するし、「私」も当然、そのことは知っている。たとえ否定的矛盾に到達しても、被害・加害関係は、根拠なく、宙吊りの状態で使用される。だから、私の浅田に対する「街の電気店主人に見えるヤクザ」という感覚、その感じが有する加害・被害に関する肯定的矛盾は解消されるわけではない。肯定的矛盾は担保されたまま、否定的矛盾に到達し、肯定的矛盾と否定的矛盾が共立する。つまりここには、トラウマ構造が認められるわけだ。

このトラウマ構造によって、「私」は浅田に、いわば人間として付き合っていく可能性を見出すことになる。それは、「街の電気店主人に見えるヤクザ」という、親しみと恐怖をない混ぜにしただけの状態で、付き合い方の結論を先送りし続けるような、消極的ニュアンスではない。浅田が加害者で「私」が被害者である、という図式的な見方に陥っていたことを自覚し、加害・被害の意味合いが状況や文脈によっていかようにも変わり、その状況や文脈を決してコントロールできないことに気づくことで、「私」は加害・被害図式を超えた――しかし「私」自身、それがどういうものかはわからない――そのような外部へと踏み出して行くことになるのである。まさに「私」は、外部を召喚し、一見以前と変わらぬように浅田と話し、いのしし鍋をつつくことになる。

このように全体を詳らかにすることはそれこそ、野暮というものだろう。そこで作家である吉行は、野暮になることをギリギリで回避するように、読者が気づけるような装置を仕掛けるわけだ。それが、中程に位置する「夢十夜」のくだりである。

以前、本書で論じている創造の装置としてのトラウマ構造について、私が講演したとき、こう言われたことがあった。失恋したことのある人は、誰でも矛盾を感じ、それを克服して、その外部に接している。だから、あなたの言っていることは、誰でも経験して知っていることで、当たり前のことではないか。

もちろん、失恋をしてその後その傷の癒える人は大勢いるだろう。しかし、失恋の経験と、その経験を小説にできることはまったく異なる。ほとんどの人は失恋の小説を書けない。私は、外部を引き受ける経験を、構造のある装置として実装できるようにモデル化しているのである。そのモデル化を通して、外部を引き受ける装置を構成できる。浅田との付き合いを誰でも日記には書けるだろう。しかし、そこに「夢十夜」に関する思い違いを挿入することで、吉行は日記を文学にした。作家とはそれに気づける人たちなのである。

3 保坂和志『ハレルヤ』における「キャウ！」

†和菓子のように眠る猫

保坂和志の小説『ハレルヤ』（二〇一八年）は、飼い猫に関する小説だ。いや、正確に述べるなら、飼い猫をモチーフにした、時間に関する小説と言うべきかもしれない。隻眼《せきがん》の猫、花ちゃんの死が近づき、主人公である「私」は、昔飼っていた猫で試した治療法を、花ちゃんにも試してみようと思いたつ。それについて、「私」とその妻が話し合っていると、突然、花ちゃんが「キャウ！」と声を出す。それは「やってみる」という了解の叫びだったのではないか。花ちゃんの治療の日々が描かれる中に、「キャウ！」の意味が変容していく。その変容と共に、「私」は、ある時間の正体へと辿り着くのである。

冒頭、竹取物語が思い出され、かぐや姫が月に帰るというのは、二度と戻ってこられないことの暗示、つまりは死を意味していたのだということが語られる。竹取物語を見知った頃、そんなことは思いもしなかったという作家の記憶と、花ちゃんが死んだのは、満月ではなく新月だったという記憶が重ねられる。この竹取物語のくだり、そして花ちゃんの死んだ日がいつだったかというくだりがあって、花ちゃんを墓地で拾ったという、そのときの情景が、段落を区切って語られ始める。

作家が、妻の母親の墓参りに行くと、墓地の乾いた石畳の小径に、日向の光を浴びて、和菓子ぐらいの大きさのまだ目も開かない子猫が寝ている。その寝方は、猫好きの間で顔面睡眠と呼ばれる寝方だ、とある。猫は横たわらずに寝るとき、歩いている格好のまま両足をたたみ、胴体の内側に折り込むような姿勢をつくる。その上で、内側に畳んだ前脚の間に、俯《うつむ》くよりもっと大きく首を曲げ、その間に顔をうずめる。これが、猫好きの間で顔面睡眠とか、「ごめん寝」と呼ばれる猫の寝方である。ちなみに私は、この首が落ちた寝方を、猫を飼っていた頃、切腹と呼んでいたものだ。

この冒頭の一節だけでも、トラウマ構造が重層的に織り込まれている。そう言っていいだろう。第一に、竹取物語における、月に帰ることが死を意味するという、正しい物語の意味と、そうは思っていなかったという「私」の経験における意味が対比される。そこには、言われるまで気づかなかったという私の気づいた瞬間があるわけだ。それは、一般的(な正しい)意味と個別的意味との対比であり、両者の齟齬に気づくという瞬間において、一般と個別が対比可能で共立することになるわけだ。言われるまで気づかなかったという思い違いは、誰にでも、どこにでもあり、一般と個別という異質なものの混同を、殊更、ここに見出さなくてもいいではないか。読者は、そう思われるかもしれない。ところが、そうではない。ここに作家の技法が潜んでいる。

†経験と理念の出会い、そして脱色

「私」はこう言っている。「(…)猫との別れを繰り返すようになるまでかぐや姫の帰還が死を意味するなんて考えたことがなかった」。もし、「かぐや姫の帰還が死を意味する」という知識が、端的に情報であるなら、知識を得る、得ないが、「私」の経験に依存することはありえない。情報それ自体は、その受け手と独立であるに違いないのだから。ところが「私」は、猫との別れを繰り返す経験が、かぐや姫に関する正しい知識、その帰還が死を意味することを受け入れさせた、と言っているのである。

知識という一般的な理念と、私の経験とが異質であるからこそ、両者は完全に独立ではなく、両者の出会いは相互依存的な変質を伴うことになる。ある場合、すなわち、猫との別れの経験以前には、その知識は入ってくることがなく、ある場合、すなわち、猫との別れを経験した後には、同じ知識が、今度はしっかりと身体に染み込んでくる。つまり、単に教えられ、正しい知識を得た、というのではなく、かぐや姫の帰還が死を意味することを受け入れたことを表明することで、この一瞬の体験が、理念と経験という、極めて異質なものの出会いであることを示しているのである。

かぐや姫の帰還が死を意味することを受け入れたという形で、「私」において意味が確定されたわけだ。このような個別的意味は、「わたし」の時間の中で確定される経験であり、他方、かぐや姫の帰還が死を意味するという知識、学術的な一般的意味とは、無時間的な理念である。だから、両者を並べて比較するということは本来不思議なことだ。「一般的な白黒の猫と、あなたの飼い猫のチャトラはどちらが可愛いですか」と聞かれたら、馬鹿げた質問だと思ってしまうだろう。一般的意味と個別的意味との混同は、このようにナンセンスなものである。

他方、私たちは、理想の恋人像を携えながら、個別的な「わたし」の恋人と個別的な恋愛を経験する。そこには一般と個別の混同が平気でなされるわけだ。私たちは、その奇妙さに気づかない。一般的な白黒の猫と、あなたのチャトラの比較というように、劇的に異質な事例にして初めて気づく。

「(…)猫との別れを繰り返すようになるまでかぐや姫の帰還が死を意味するなんて考えたことがなかった」は、そのような仕掛けであるが、読者がその齟齬に違和感を覚えない、ぎりぎりの線を実現した仕掛けとして実装されているのである。その上で、ここに、花ちゃんが死んだのが満月ではなく、新月であり、師走ではなく霜月で、といったように、その詳細が重ねられる。それは極めて個人的、個別的経験を、客観的で一般的なカレンダー期日のみで記載していく操作だ。こうして、個別と一般の共立が、重ね描かれることになる。

個別的意味と一般的意味、経験と理念の肯定矛盾の重層的展開は、一転、花ちゃんとの出会いのシーンの出現によって、和菓子のような猫の出現によって、脱色される。物語の時間が巻き戻され、生きている子猫の花ちゃんの出現によって、花ちゃんの死にまつわる経験と理念の肯定的矛盾は、決して雲散霧消するわけではなく脱色される。ここに経験と理念の、否定的矛盾が構成される。この脱色によって、花ちゃんのその後の死に至る物語に関する、具体的な予想を許さない、しかし、ある予兆が召喚されることになる。はたしてそれは、時間の問題であった。

†時間を変質させる「キャウ!」

「私」が花ちゃんと出会い、飼うことになって獣医に診てもらうと、眼球が育っておらず、おそらく全盲か、片方は眼球が育っている可能性もあり、隻眼《せきがん》だろうと診断される。この瞬間、「私」の中には、花ちゃんがあまり長くは生きられないだろう、という感覚が得られる。それは予感という曖昧なものではなく、そう遠くない死がスケジュール帳に明確に記載されたような感覚だろう。解剖学者の養老孟司は、現在が瞬間などということはありえず、メモ帳に一カ月先の予定まで書き込んで生活する人にとって、その予定された未来までが現在なのだ、と述べている。隻眼であることから死がスケジュール帳に明確に記載されるような未来は、「私」と花ちゃんの現在を、「できごと」として確定してしまう。このできごとこそ、現在であるというわけだ。

それは「できごと」によって、花ちゃんと出会っている現在と、花ちゃんの死を看取る未来が、共立することを意味している。つまり、現在と未来という共立不可能な時刻が、「できごと」において共に成立し、肯定的矛盾を構成することになる。

しかし同時に、「私」は「できごと」が人間的な、異質な現在と未来の間を隠蔽する装置であることも感じている。「できごと」は現在と未来を隠蔽によって媒介する装置であるが、特殊な装置に過ぎない。では猫はどうか。猫は、どのように現在と未来を媒介し、共立させるのか。こうして「私」は、猫はむしろアルゴリズムに従うように活動し、生きているのではないか、と考えるに至る。「〜ならば……だ、〜でなければ……だ」というように。それは、条件に従って機械的に動く、コンピューター上のコマンド（命令文）そのものだ。このコマンドの連鎖が、猫の現在と未来をつなぐ装置になる。こうして、肯定的アンチノミーは「できごと」からコマンドへと変質する。

そして花ちゃんは、肉球が真っ白になって、ひどい貧血だと言われ、後に腫瘍が見つかり、もう長くはないと医師に診断される。ここで「私」は、以前飼っていた「ぺちゃ」という猫に、Lアスパラギナーゼという薬が、劇的に効いたことを思い出す。ただし、それは抗ガン剤ではあっても、検査薬の意味合いが強く、「これを注射して腫瘍が小さくなったら、腫瘍はリンパ腫だ」と判断するための薬だというのである。だから、あるところまでは薬が効いて延命できても、効果がなくなったらあっという間に悪化する。そして、腫瘍細胞を急激に破壊するから、大量吐血の可能性がある、そう医師から説明される。

†一日一日という永遠

大量吐血を踏まえ、「私」は家で妻とLアスパラギナーゼの治療に踏み切るか否かを相談する。すると「キャウ！」と絶叫したような花ちゃんの声がする。「外の猫？」と問いかける「私」に、「花ちゃんが「やる！」って言ったのよ。」と妻が答える。こうして花ちゃんは治療を受け、二カ月の延命を目指しながら、一週ごとにエコー画像を調べ、血液検査をし、Lアスパラギナーゼを打つ。

この一週ごとの繰り返しが、二カ月経ち、三カ月も過ぎ、「キャウ！」に対する解釈が変化する。あれは「やる！」ではなく「二カ月じゃない！」「そんなんじゃない！」の意味だったのではないか。そしてそれは、花ちゃんが言ったというよりも、今まで亡くなっていった猫たちが、向こうから一斉に花ちゃんに言わせたのではないか。「私」はそう思い至るのである。

「キャウ！」は今や花ちゃんの声でありながら、他の、いるかもしれない猫たちによって、もたらされた声だ。死んでいった猫たちは、花ちゃんを見えない綿毛のように取り巻く、無際限な意味である。だから、こう考えることができる。

花ちゃんの行動規範である「コマンド」は、今やコンピューター上のコマンドと似て非なるものだ。コマンドは、本来、その発動する条件や文脈など存在しないと想定されているが、花ちゃんの行動におけるコマンドは、無際限な意味や条件、文脈に取り囲まれ、取り込まれ、その結果実行されるものなのだ。この意味でコマンドは、条件と、もたらされる行動を因果的に結びつけるものではなくなり、計算機におけるコマンドのような、機械的なコマンドの連鎖において共立する、現在と未来を脱色してしまう。もちろん、現在と未来の通常想定される言葉の意味は担保されたまま、同時に脱色される。こうして、現在と未来の否定的矛盾が、肯定的矛盾に共立し、トラウマ構造が開かれるのである。

時間は、できごとや、「〜ならば……だ、〜でなければ……だ」的な因果律を脱色し、その向こう側に、ある種の「永遠」として発見される。それは一日一日という日々の様相を昇華した純粋な永遠である。

……「キャウ！」は私に流れていた時間を断ち切って、過去とか現在とか未来とか関係なくしたということか。

かくして、現実性としての現在と可能性としての未来の肯定的矛盾だった「できごと」

は、計算機の「コマンド」に変質し、さらに「コマンド」が無際限な文脈、意味を伴うことで、コマンドとしての意味を失い、脱色されていく。そこに、過去とか現在とか未来とか関係なくした、純粋な永遠が「やってくる」のである。

4 作家性という当事者性

†完璧さと不完全さ

創造する作家――もちろんすべての作家が創造するわけではない――は、完成の瞬間がわかる。日本画家の中村恭子は、修正に修正を重ねながら、しかし自ら完成を決断する。絵の構想を練り、詳細な下絵を描いた後、輪郭線を、木枠に張り込んだ絹に写しとる。毛髪のような太さで、骨描きと呼ばれる輪郭線を引いていく。それから岩絵具を定着剤である膠《にかわ》で溶き、水で薄めて塗っていく。骨描きを塗り潰し、色を重ね、見えなくなった骨描きを描き直す。この繰り返しによって、次第に画面は表情を変え、当初の意図を離れていく。

中村の日本画は、その多くが、いわゆる超絶技巧と評せられるような緻密なものだ。ただし、その画題は、さまざまなものを複雑に組み合わせて構成される。『古墳蟬』と名付けられた作品では、道路で区画された現在の古墳の風景が、上空から俯瞰した幾何学模様のように描かれている。ただし、その色は、福岡県の王塚古墳の石室のように、黄土色、緑、赤で塗り分けられ、一部崩れ、樹木に覆われた現在の古墳自体の全景は、詳細に描かれている。

その古墳に、古代中国で死者の口に含ませたと言われる翡翠《ひすい》に彫刻された蟬「玉蟬《ぎょくせん》」が、まるでUFOでも墜落して突っ込んだかのように、半分、埋まっている。中村によれば、それは、庭蟻が、蟬のような大きな獲物を運ぶ際、一度に運ぶことができず、その上に土粒をかけて覆う風景なのだそうだ。その、蟻が作った土粒の山に蟬が埋まっている光景から、『古墳蟬』を発想したという。

だから、『古墳蟬』は、古墳が実物大で、玉蟬が超巨大なのか、玉蟬が実物大で古墳がミニチュアサイズなのか、判然としない。あえてそのようなスケールの混乱が内包されている。そのほとんど完成した『古墳蟬』を前に、しかし、中村はその完成を決められなかった。そしてあるとき、画面の隅に小さく、蟻を描いた。もちろんこの蟻も大きさはわからないが、この蟻によって、『古墳蟬』は完成したのである。

中村の絵は緻密である。だから、そこに不完全さ、未完成な感じなど見つけることができない。骨描きから色を載せ、精密な描写が完了したところで完成する、というなら、制作者以外の者でも、完成の瞬間を見極められるだろうか。もちろんそうではない。まさか蟻を加えるなど、思いもよらないだろう。その完成の瞬間を、制作者以外の者が決めることなどできない。

にもかかわらず、吉行や保坂の小説と同じく、中村の日本画もまた、肯定矛盾と否定矛盾を内包する。超巨大な玉蟬と、ミニチュアの古墳というまったく異なるスケールが共立することで肯定矛盾を担い、空間的スケールの意味が逸脱し、脱色されることで、異なるスケールに関する否定矛盾が同時に開かれるからだ。つまり、ここには、肯定矛盾と否定矛盾のせめぎ合いによって開かれた「穴」、抽象的で見えない穴が開かれている。完全無欠な絵画に、外部を召喚する穴が存在するのである。穴はいかにも欠如、不完全さを示唆するものだ。完璧さと不完全さが、ここに同居するのである。

†穴の積極性

中村の日本画は、完全無欠な画面を立ち上げながら、同時に、抽象的な穴を同居させている。おそらく逆に、吉行ら第三の新人の小説は、作家の身辺雑記をダラダラと書き連ね、そこに洗練された美意識や完成度を認められず、だからこそ、小粒のつまらない小説と誤認されたのだろう。それらは穴だらけだったというように。前述のように、もちろんそんなことはない。肯定矛盾と否定矛盾の穴が、外部を召喚する完璧な穴であるように、小説は設計されているわけだ。それを見出せない者が、そこに未完成感を見出し、不満を述べる。

しかし逆に、現代では、作品は完成しないことを本質だと考える人たちもいる。川は、川として存在するが、そこにある水は絶えず流れて入れ替わっていく。川はプールのように水量を完全にコントロールできるような存在ではなく、水が枯れ、増水して氾濫するかもしれぬ不安定さを孕む形で存在する。その存在はむしろ、停止した完全体ではなく、不完全な動体だ。万物はそのような存在であると考え、その不完全さを素朴に想定するとき、「作品」もまた不完全な動体ということになるだろう。修正し、修正し、永遠に完成しないものこそが、作品だという、安易な哲学が作品に宿ることとなる。

不完全な動体としての作品は、作品が完成するという瞬間を否定する。作品が個物となることを否定する。それは、作家が完成の瞬間を決めることを、否定する。しかし、ここには大きな勘違いがあると言っていいだろう。不完全さ、穴は、具体的表現における欠損ではなく、表現によって構成された抽象であるのだから。この意味で作品とは、決して欠損のある中途半端なものではなく、抽象的穴を有する完成形なのである。いつまでたっても手を入れ続けなければならない、永遠の未完成ではないのだ。

そして「穴」があるからこそ、理解において当事者性があり、作家性がある。肯定矛盾と否定矛盾を配することで、穴が構成される。それは、作家に描き下せないものが、作品外部から押し寄せる穴である。つまり、作家は、何かを描き切ることで完成をみるのではなく、描き切れないものが押し寄せる穴を描くことで完成をみる。

『古墳蟬』における蟻は、外部の意味が押し寄せる穴の門番のようなものだ。制作者は、制作する当事者として、穴に押し寄せる意味を実感し、作品を理解し、作品の完成を見るわけだ。穴において、外部を召喚し、理解する限りで、制作者は当事者なのである。完成した作品を鑑賞する者や、完成した小説を読む読者もまた、穴において、外部を召喚し、鑑賞者、読者として穴にやってくる外部を見出し、「理解」を完成させる。

その理解のあり方は、もちろん制作者と同じになるはずもない。穴に何が押し寄せるかは、穴に対峙する者の経験や体調、その時点での文脈などに依存するからだ。不完全さを露呈する「穴」において、穴に向き合い、意味の奔流を受け止めるものだけが、その作品、その小説の理解を完成させる。だから、鑑賞者、読者もまた理解の当事者なのだ。

作品が、作家の描き切ったもので、もはやそれ以上、何もそこに関与する外部がないなら、作品は、どこでも、誰が鑑賞しても、作家が意図した通りのものとなる。ビルに入るための電子入構カードを、誰が使っても同じ機能を果たすように、作品は誰が鑑賞しても同じ理解を立ち上げるものとなる。電子入構カードを誰が作ったのか気にしないように、そのような作品は、誰が制作したかの意味を失う。誰が制作しようがそれを忘れても、作品の理解に影響しない。

しかし、「穴」のある作品は、当事者において理解されるがゆえに、作家性を有する。完成した作品を読み、鑑賞する、後続の者たちは、穴にやってくる奔流を召喚できるように、さまざまな文脈を参照するだろう。もちろん文脈はコントロールし切れるものではない。しかしその作家が誰であるか、作家の他の作品がどのようなものであるかは、大いに参考になり、鑑賞者や読者は、それらの情報、来歴を知ろうとするだろう。それは作家の記した結果を知ろうとするのではない。当事者としての作家の経験を知ろうとするだけだ。そこに求められるもの、それが作家性なのである。

第4章

脱色された日常

私はおもむろに制作を始めた。誰にも告げず人知れず始めたのである。それは両親の住んでいた実家、今は二人とも他界し、誰もいない実家で始まった。なぜ、実家なのか。そこで何をしようというのか。本章ではそれについて述べていきたいと思う。

1　箱庭的な記憶

†庭の記憶

さて、いよいよ、自分の制作、天然表現の現場に至る話をしよう。天然表現は、両親が亡くなった実家でやろうと思い立ち、そこから一気に進んだのだが、実家に特別な、葛藤めいた複雑な感情があったわけではない。小学生以前の頃を思い出すと、自然に同化したような、動物的な記憶がほとんどである。この頃の記憶となると、おそらくいろいろ変質しているだろうが、案外正確なものかもしれないとも思う。

というのは、先日、テレビで映画『トップガン』（一九八六年）を観ているとき、ふと思い出したことがあった。戦闘機パイロットであるトム・クルーズ演じる主人公は、機体の制御を失い、海上に墜落し、パイロットはパラシュートで脱出する。このとき、波間を漂うパイロットの周辺は海水が黄緑色に変色している。ここで突然、この着色剤はおそらく、空から救援機が発見しやすくなる機能とサメよけを兼ね備えた「コッパーアセテート」なるもので、アメリカ軍が開発したものだ、という知識を、九歳か一〇歳の頃、マンガで読んだことが思い出されたのである。

当時、小遣いは一〇〇円のプラモデルを買うためだけに使っていた私にとって、マンガは床屋で待ち時間に読むものだった。少年週刊誌は、最新号から何冊か常備してあったので、床屋の待ち時間に、いくつかを読むことはできたし、自分にとってはそれで十分だった。だから、「コッパーアセテート」の記憶は、何度も読み返したものではなく、おそらく一度読んだだけのものだ。すぐにネットで検索すると、さっぱり出てこない。そこでマンガを思い出そうとした。たしか、漫画家は園田……、調べると園田光慶《みつよし》とある。ウィキペディアでおぼろげな記憶を頼りに作品リストを眺め、『ターゲット』というタイトルを見つける。これに覚えがある私は、復刊した古本を見つけ、すぐ購入した。はたして、そこには「コッパーアセテート」を説明するセリフが、見つかったのである。

五年生の終わりに転校しているので、それはいい区切りになっていて、それ以前の小学生の記憶を思い出してみることに順番上の混乱はない。それは思春期以前の記憶である。隣家は祖父母が伯父叔母と暮らす家で、その生業は「洗い張り」だった。それは、反物に戻された着物を水洗いし、蒸気で短時間だけ蒸し、庭中に干すことを繰り返す、着物のクリーニングだった。ウイスキー工場の巨大な蒸留装置に似た、細長い首から上に向けて蒸気を噴出する機械が、部屋の中に設置されていた。キャタピラのように端をつながれた反物の輪の中に棒が二本通され、一本を祖父が、もう一本を祖母か叔母が持つ。棒に沿って反物《たんもの》は、ベルトコンベアよろしく、振動しながらゆっくり回転していく。この回転する反物の下に蒸気発生装置が置かれ、反物は瞬間的に蒸されては移動していくわけだ。祖父らは夕方にはいつもこの作業に従事し、テレビからは相撲中継が流れていた。

どの家の境も曖昧なもので、そこには大きな甕《かめ》や木材、丸められた波型のトタン板などが積まれ、庭には南天やクチナシ、柿にイチジクと、さまざまな木が植えられていた。クチナシにはいつも、オオスカシバの幼虫である、尻に一本だけ棘のついた大きな芋虫がいたし、取らずに放置されたイチジクには、熟れて裂けた果肉に、キボシカミキリがやってきた。柿の木には、イラガの幼虫である毛虫が繁殖し、刺された痛みは相当のものだった。家屋の側の、雨樋から水の流れるような、湿った場所には、自生していたのか、紫蘇《しそ》や茗荷《みょうが》が生えていた。朝、味噌汁の具にするため茗荷を抜くと、その亀裂には太いミミズの濡れた表面が光っていた。

†虫たちの記憶

幼稚園児から小学一年生にかけて、その小さな庭の中だけで、虫たちを見つけては遊んでいた。庭の敷石として並んでいた扁平《へんぺい》な石を裏返すと、そこには、マルムシ（ダンゴムシのことだ）やゴミムシ、ハサミムシが現れた。茗荷や紫蘇の根本を探ると、ゴムボールのように弾むカナヘビの卵があり、突然割れて小さなカナヘビが走り出す。土の中からしばしば現れたものに、オオスカシバの蛹《さなぎ》があった。オオスカシバは、スズメガの仲間で、羽化直後に鱗粉が落ち、羽は透明となる。まるでハチドリのようにホバリングしながら花の蜜を吸う成虫の姿は、今でこそ街で見つけると追ってしまうが、当時はなぜか関心がなかった。その動きが速すぎて、目が追いつかなかったのかもしれない。オオスカシバの幼虫は、厚手のビニールのような半光沢を持つ巨大芋虫だが、これは触るのも嫌だった。

オオスカシバの蛹は、好ましく感じた。もちろん、当時はそれがオオスカシバの蛹であるとは知らなかった。祖父の反対側の隣家は、欅《けやき》の木が何本も生える大きな庭のある家だ。そこには何本か柑橘系の樹木もあり、いつもアゲハチョウの幼虫がいて、しばらくすると透明感さえある黄緑色の蛹になることを知っていた。蛹からアゲハチョウが羽化する姿は何度も見ており、羽化に至るまで、蛹は木に尾を貼り付け、自ら噴出した糸で枝に固定され、石のように動かない。それには何か神々しささえ感じたものだ。

対してオオスカシバの蛹は、蛹とさえ思えなかった。形はたしかに何かの蛹に似ている。しかし、黒光りしたその姿は、自然物であることさえ疑わしく、表面には細密彫刻が施されている。まるで謎の古代機械のようなそれは、しかも土の中から現れる。オオスカシバの幼虫は、クチナシの木から降り、土に潜り込んで繭を作り、その中で蛹となるからだ。それを知ったのは、ずっと後のことだ。当時の庭には、さまざまな人工物も紛れ込んでいた。ビー玉や錆びた金属の断片、アイスの棒など、さまざまなものが埋まっていた。だからこそ、オオスカシバの蛹は、その中にあって、禍々しい人工物の匂いを放っていた。

その上で蛹は激しく動いた。指でつまむと蛹の下半身だけ、尖った尻先を、動かし、何かを指示するように止まった。何人か子どもが集まると、蛹を囲んで「バカは誰だ」と聞く。つままれた蛹は、二、三度尻を動かした後、誰かを指して止まる。それは生きているのか、機械が発動したのか、それを不問にしたまま子どもらは蛹を探したものだった。

小さなバッタや、コオロギ類も冬の寒い時期以外、ほとんどの季節で見かけた。小学生になって、どこまでも続いた空き地では、飛翔して逃げる大型のショウリョウバッタや、トノサマバッタを追いかけた。田んぼの畦道《あぜみち》まで出かければ、放置された藁束の奥に大きなエンマコオロギを見つけることもできたが、庭にいたのは、もっと小さな虫、ヒシバッタやオカメコオロギ、ミツカドコオロギなどだった。ヒシバッタは、体長一センチほどの小さなバッタで、体型はトノサマバッタのそれを身体の軸方向に圧縮して縮めた、異形の姿をしている。上から見ると、体が見事なひし形をしているのも、その圧縮ゆえである。庭に置かれた、松や岩松の鉢から飛び出したヒシバッタは、敷石や木材の上で簡単に捕まえることができ、それをわざわざ、カブトムシを入れるような虫籠に入れた。そしてしばらく眺めては、また庭に全部放つ。これを毎日繰り返していた。

†誰もいなくなった庭

オオスカシバの蛹やヒシバッタの記憶に、やがて雑木林に入って集めたカブトムシやクワガタムシの記憶が加わり、家は区画整理によって庭の半分以上が接収され、その土地は道路となった。それに伴い、家も建て替えられ、樹木のなくなった庭には、鳳仙花にひまわり、朝顔が植えられるとともに、父の趣味である川から拾ってきた石が並べられ、岩松の鉢もやたらに増えていった。

家は何度も増改築や新築を繰り返し、当初平家だった家は、二階建てになるのだが、間取りは本質的に変わらない。小学生時代、一度転校して後、またこの実家の家屋に戻り、中学、高校、大学に至る。その間、何匹かの猫を飼い、外猫にも餌をやっていたが、それらも皆死んでしまった。大学や大学院で家を離れた際、母親の病気もあって、夏休みや冬休みには帰郷した。関西の大学に就職してからも、毎年同じように戻っては、庭の岩松や石を眺め、猫の墓として植えられた樹木の成長を眺めた。

その後東京の大学へと異動する頃には、父母ともに高齢となり、たびたび様子を見に行くようになる。年に一度ほど入院していた母が亡くなり、父一人となるものの、母があまり動けなくなって二〇年ほどは、父が家事のほとんどをこなし、食事も作っていたので、さほど心配はしていなかった。しかし、歩けなくなってきて、見ているとよく寝るようになり、二階へ上がって洗濯物を干すのも大変に見え、月の二〇日ほどは私が同居することになる。残りは三〇〇キロほど離れた場所に住む妹が来ることになった。

朝五時ごろ、父が私を起こすため、階段の下から声をかけてくる。起きて、朝食と昼食の準備をし、父の車で駅に送ってもらう。そこから大学の最寄り駅まで二時間半、ドアトゥドアなら三時間を要した。夕方、また二時間半をかけて帰宅すると、夕飯を作って食べ、風呂に入って就寝だ。これが二年ほど続いた。仕事はパソコンさえあればいいので、意外と列車の中ですることができた。

母親が亡くなり、父親の世話をする日々の中で、日に日に弱っていく父を理解できなかった。いや弱っていくのを認めたくなかっただけか、そのあたりも自分のことながら判然としない。帰宅すると、ほぼ毎日洗濯をして干してあったものが、洗濯して脱水した衣類がカゴに入れられ、階段の下に置かれるようになり、それもなくなって、風呂の掃除だけ、してくれるようになり、それもなくなり、といった具合に、できることが急激に減っていった。二人分の調理というのは、分量的に作りやすいため、できるだけ野菜や肉、魚と品数も五品ほど作っていてそれはむしろ楽しかった。ただせっかく作った料理を、脂っこくて食べられないと言われると、私は、もう帰る、ここには二度と来ないと捨て台詞を残し、町内をひと回りしては、帰宅して、何事もなかったように片付けをしたこともあった。

父の運転でドライブし、郊外で食事をして帰ってくることも頻繁にあり、父は運転を誇りにもしていたようだ。しかし、高齢者の暴走運転が問題となり、車を廃車にして業者に持っていってもらうことになる。これがかなり応えたようで、テレビを見ていても座ったまま寝るようになってしまう。あれほど丈夫だった父が、さまざまな病を患い、救急車で運ばれては、入院、転院、リハビリ施設と病院の往復を繰り返し、それが一年半ほど続いて亡くなることになる。こうして、両親のいなくなった実家だが、膨大な数の植木が残され、東京との間を往復する私は、雑草を抜いては水を撒く日々を繰り返すことになる。

2　一人称と三人称の捩れ

†記憶の人称性

幼稚園児以来の記憶を辿っていくと、ヒシバッタも、オオスカシバの蛹も、茗荷の根本の大ミミズも、私が見ているように、かつ鮮明に思い出される。これは、一般的に心理学で言われていることから推察すると、実は、少し異常な事態なのである。

当時の自分自身が見ているように情景が思い出されることを、一人称的記憶と呼ぶ。これに対して、自分自身が映画の登場人物のように見える情景の思い出し方を、三人称的記憶と呼ぶ。近年の心理学は、最近のこと、新しい記憶は一人称的記憶として思いだされ、昔の自分の小さい頃の記憶は三人称的記憶として思い出される、という現象を実験的に示している。新しい記憶は、直接画像のように蓄えられ、それが記憶の倉庫から呼び出されるから、自分の体験した風景のように思い出され、一人称的になる。対して、古い不確実な記憶などは、何らかの形で抽象化、記号化されて記憶されており、そこから思い出すときに再構成されるから、三人称的になると考えられている。

そこから考えてみると、幼稚園児の頃の古い記憶が、一人称的に、鮮明に蘇ってくるという事態は、異常であるということになる。しかし、私の研究室では記憶が一人称的か三人称的か多くの人で調べてみたが、一般的傾向が認められるというより、人によってかなり異なるということがわかってきた。そこで今では、むしろ、人ごとに記憶の人称性（思い出すことが、相対的に一人称的か三人称的かの度合い）を調べるべきだろうと考えている。

ヒシバッタや、オオスカシバの蛹は、自分の体験であり、自分の記憶なので、その記憶の風景や質感も、よくわかっている。それはたしかに、一人称的なのだが、ヒシバッタや、オオスカシバの蛹だけが、リアルに鮮やかに思い出され、体験している感じともまた違う気がするのだ。たしかに、そのときの周りの風景、茗荷の林や、地面にたくさん落ちている未熟の小さな柿、植木鉢の並んだ風景なども思い出されるが、それらは画面の周囲がぼんやりとする感じで、パッチワークのように風景を構成している。それに対して、ヒシバッタや、オオスカシバの蛹は、極めて鮮明で、そのパッチワークの中心に位置するのである。

一人称的風景は、特定の固定された視点、「わたし」の視点から見た風景だ。これに対して三人称的風景は、どこからでも見ることのできるモデル的風景である。だから、一人称的風景は経験されたもので、三人称的風景は理念的で仮想的なもの、作られたものだということがわかる。

つまり、一人称的風景がぼんやりしながら、パッチワーク状に全体を構成するというのは、断片的で不完全な一人称的記憶から三人称的記憶を作り出そうとする過程であり、一人称と三人称を同居させようとする過程であると思われる。その中心に位置するヒシバッタや、オオスカシバの蛹は、だから、純粋な一人称ではなく、むしろ際立って一人称的でありながら、三人称の中心でもあり、イコン（ギリシャ正教会で用いられる聖母子像などの画像、転じてコンピューターのアイコンなど、象徴的な画像的記号）のような記号にもなっている。

だとすると、その鮮明さは、記憶の鮮明さというよりも、三人称的記号の明晰さではないか。その意味で、それは、一人称的記憶と三人称的記憶を共に肯定する、肯定的矛盾に位置づけられるのではないか。その可能性を考えてみようと思う。

†一人称的身体と三人称的身体

一人称的記憶と三人称的記憶との肯定的矛盾の可能性は、過食症や拒食症のメカニズムと考えられるものの中にも見出されてきた。自分の肉体がどのような身体であるかという自分の中に持つイメージを身体イメージというが、それにもまた一人称的身体イメージと三人称的身体イメージとがある。

当事者として観察する自分の肉体は、通常見ることができる腕や足、上から見下ろした胸や肩口、あとは鏡で見る顔や背中ということになる。いずれにせよ、その全体を俯瞰してみることは不可能だ。このような「わたし」から見た身体イメージは、自己視点身体（一人称的身体イメージ）と呼ばれている。これに対し、いかなる視点からも見ることができる仮想的身体イメージもあって、これは他者視点身体（三人称的身体イメージ）と呼ばれている。

拒食症や過食症のメカニズムの一つとして、「他者視点断絶」という仮説が提唱されている。通常、人は、自己視点身体と他者視点身体の両者の相互作用がうまくいっており、新たな自己視点身体の情報によって、他者視点身体が更新され、他者視点身体で予測しながら、自己視点身体の情報を取り込む操作をしている。ところが何らかの原因で、自己視点身体と他者視点身体との連結が切れてしまうことがある。「自分は太っている」といったストレスが、その原因になることもあるだろう。

こうなると、太っていた身体イメージの他者視点身体が固定され、ずっと記憶されることになる。いくら食べるのをやめ、痩せていく自分の姿を鏡で見ても、その自己視点身体の情報が、他者視点身体を更新することはないからだ。結局、いくら痩せ、鏡でそれを見ていても、いざ食べるときには、他者視点身体のイメージ（「自分は太っている」）がその人を支配し、食べることを拒否してしまう。拒食は、負のループに入り込み、加速していくというわけだ。同様に、他者視点断絶によって、「自分は痩せている」という他者視点身体が固定されるとき、過食症が起こると考えられる。

私は、「他者視点断絶」に概ね同意するものの、自己視点身体と他者視点身体の両者が安定的に存在し、健康である限り、二つの身体の連絡がうまくいく、という議論には賛同しかねる。そして、そこから、「他者視点断絶」は大きく意味を変えていくと考えられる。もともと他者視点身体は仮想的で、自己視点身体のパッチワークと、観察できない部分を推定し補うことで作られるものだろうから、それ自体完全なものではない。とすると、他者視点身体は完璧に真であるという情報ではないだろう。

自己視点身体が、どのように変化したかを推察し、どの部分に注目するかを決めるためには、他者視点身体に基づかねばならない。しかし、その他者視点身体に全幅の信頼が持てないわけだ。逆に他者視点身体を構成するには、自己視点身体の取捨選択や、断片的身体情報間の調整が必要になるから、自己視点身体を無条件に取り込むわけでない。したがって、自己視点身体と他者視点身体の間には、齟齬、軋轢《あつれき》があって然るべきである。それは病的な状態ではなく、むしろ常にそのような状況にあると考えるべきだろう。

†異質な身体の間の結び目

その上で、「他者視点断絶」を再解釈してみる。断絶は、健全に描写された自己視点身体と他者視点身体とがあって、その上で、両者の間に断絶があるのではなく、他者視点身体の弱体化であると思われる。そのきっかけとなる「自分は太っている」という身体イメージは、二つの身体イメージを媒介する、重要な役割を果たしている。

すなわち、「自分は太っている」という身体イメージは、それ自体の性格として、生き生きとした自己視点身体でありながら、構成された、仮想の他者視点身体でもあり得るので、両者の齟齬から生まれた結び目と考えられる。絡まった糸の結び目は、異なる糸のねじれの拮抗の果てに、ねじれを解消しようとして逆にねじれを構造化してしまう。もちろん、「自分は太っている」がそのような明確なイメージとして形成される原因にはさまざまな要因があるだろう。重要な点は、通常のいかなる生活においても、自己視点身体と他者視点身体との齟齬は潜在しており、何らかの原因で結び目ができることはいくらでも起こり得るということだ。それは決して特殊で異常なことではない。

自己視点身体と他者視点身体は異質な概念で、本来、両立し得ないものだ。つまり「自分は太っている」は、両者を共に受け入れる肯定的矛盾である。同時に、それは機能的に自己視点身体と他者視点身体とを共に否定し、否定的矛盾も成り立たせる。第一に、自己視点身体を部分情報としてパッチワークし、補完し、部分間を調整し、他者視点身体を形成することが難しくなる。それはおそらく、結び目としての「自分は太っている」というイメージが、ある意味、強力な指導力を発揮してしまうからだろう。「自分は太っている」というイメージは、イコンとして他者視点身体形成の現場に制約としての強制力を持ち、まるで設計図のように振る舞う。だから、他者視点身体形成の健全なアップデートは、著しく阻害されることになる。

第二に、自己視点身体も否定される。これはまさに「他者視点断絶」の要点でもあったわけだが、「自分は太っている」というイメージが、象徴的記号として振る舞い、いくら鏡で確認しても、自己視点身体を否定し、受け入れないわけだ。したがって、「自分は太っている」という身体イメージは、他者視点身体も自己視点身体も否定し、否定的矛盾を形成することになる。まとめると、「自分は太っている」は、その性質において二つの身体イメージを共に肯定する肯定的矛盾の体現者であり、機能として二つの身体イメージを否定する否定的矛盾を形成するものだと言える。つまりそれは、トラウマ構造そのものなのである。

自己視点身体と他者視点身体とが健全なままに担保され、それが切断されるという意味での「他者視点断絶」は、コントロールされた機械の異常のようで、自然な仮説とは考えがたい。現実の脳や意識はもっと動的で、論理的に考えると矛盾だらけのシステムだろう。その意味で、二つの身体イメージの齟齬が結び目となるような、状態として二つの身体を共に肯定し引き受ける「自分は太っている」イメージが、機能的に両者を否定し、抑圧するという動的な過程は、より自然な仮説と言えるだろう。

身体をイメージ記憶に置き換えることで、一人称的にヴィヴィッドで、三人称的に象徴的・イコン的な身体イメージ――「自分は太っている」――は、一人称的にヴィヴィッドで、三人称的に象徴的・イコン的なイメージ記憶に置き換えられることになる。それこそ、ヒシバッタや、オオスカシバの蛹のイメージ記憶である。つまりそれは、純粋な意味での一人称的記憶や、三人称的記憶を両義的に有したものであると同時に、それらを共に否定し、脱色するものなのである。日常とは、一回きりの一人称が反復することだ。つまり日常は、経験的でありながら、繰り返し可能な理念とみなされる。だから、日常とは一人称であり三人称である。ヒシバッタや、オオスカシバの蛹は、それ自体が日常の象徴でありながら、日常を脱色するものなのである。

3　天然表現の場所へ

†人の時間・物質の時間

まだ父は元気で、母が亡くなって一年後ぐらいのことだった。実家の二階で寝起きしていた私は、トイレも主に二階にあるものを使っていた。ある日、トイレから出た私の目に、段ボールに書かれた「冬物・衣類」という母親のマジック文字が、突然飛び込んできた。母が存命中も、二階は、洗濯物を干す際や、子どもや孫が訪れたときに使っていただけで、廊下などは、半分倉庫のようになっていた。昔のアルバムや、あまり使わない衣類が、段ボールに入れられて積まれていたりしたわけだ。ちょうど、トイレの前の廊下に、その「冬物・衣類」の段ボールがあった。

その段ボールは、母が生きていた頃からその場所にあり、気にも留めなかった。「冬物・衣類」の文字も、おそらく何度も目に映っていただろうに、見たという記憶がなかった。それが突然、その黒々としてフラットなマジックの書き文字が、何年も前に書かれたものであるにもかかわらず、ついさっき書かれたようなリアリティを伴って、私に迫ってきたのである。マジックインキの匂いさえ感じるような勢いで、しかしそれは、何年も前でありながら、今しがた書かれたという両義性を持ち合わせて迫ってきた。そのとき、この時間に関する両義性の外部から、永遠性、無時間性が突然、感じられたのである。

永遠性、無時間性はどうやって、やってきたのだろうか。私、いや一般的に「わたし」は明らかに、人として「いま・ここ」を生きている。それは記憶という有限の過去と、自分が想定可能な有限の未来との交わりとして開かれた領域である。同時に、我々は通常、時間は流れ、未来はやがて現在となり、そして過去になるという意味で、過去、現在、未来を理解している。つまり、過去と未来は決して共立しない、異質な概念である。ところが、「いま・ここ」を生きるわたしは、過去と未来を共立させている。それは、過去と未来との両者を受け入れる肯定的矛盾を実現している。

対して物質の時間に「広がり」などない。それは物理学が唱える、長さを持たない瞬間が、過ぎていくだけの時間である。一瞬の現在以前には無限遠まで遡る過去があり、一瞬の現在以後には無限遠まで可能な未来がある。それは、「わたし」が感じる有限の過去や、想像することのできる有限の未来と異なり、均質で、一切のあわいも隙間も構造もない。無限の過去と無限の未来は、「わたし」が理解する有限の過去、有限の未来とはまったく異なる時間なのである。だからそれは、過去も未来も否定する否定的矛盾を実現している。

私は、辛うじて人として生きながら、「冬物・衣類」を見た瞬間、物質の時間と出会ってしまった。その瞬間、段ボールの肌触りを物同士として感じ、マジックの匂いを物質同士として感じた。意識や心を持つと信じていた私もまた物質に過ぎない。だからこそ、物質である私は、段ボールという物質や、マジックインキという物質に出会えたのである。

つまり私は、物質として、無限の過去、無限の未来を引き受け、瞬間に立ち会った。無限の過去、無限の未来は、有限のそれの否定である。つまり、辛うじて人でありながら、物質の瞬間に立ち会った私は、人として、過去と未来を共に引き受けながら、同時にその両者を、物として、否定する状態にあった。それは肯定的矛盾と否定的矛盾を共立させる、トラウマ構造を開く一瞬だった。だから、永遠という外部がやってきた。

†日常が成立し、日常が成立しない

実家とは、そもそも、以前と以後を、日常の意味で共立させる場所だ。前述したように、たしかに私の実家の家屋は、区画整理で庭や道路が変わり、流れていた江戸時代からの運河も埋め立てられてしまった。家屋は二階建てになってからも、すべて壊して新築しているが、以前の間取りをほとんど踏襲しているため、新築の意味があったのかというくらい変わっていない。だから、今でも実家の家屋の居間に座り、庭や地続きの隣家の庭を眺めると、幼稚園の頃、小学校の頃の景色を思い出すことができる。

工作の下手な祖父の自作した鶏小屋から、鶏が庭へ逃げ出したこと、三和土《たたき》に足を置いて廊下に座り、祖父が筆で拭いていた葉ランの鹿沼土《かぬまつち》を植木鉢から二、三粒落としただけで、珍しく叱られたこと、二段になった庭の物干し竿に洗濯物を干す母が、その日はなぜか麦藁帽子にひまわり柄のTシャツだったこと、二〇〇から三〇〇鉢の岩松を植え替える縮みのシャツにステテコの父、雷を怖がって家に入ってしまい飼うことになった猫のたま、そういった一人称的な一回きりのはずの風景が、永遠に反復されたかのように感じられ、思い出される。

一つ一つの出来事が一回きりの、以前にあった「こと」でありながら、同様の「こと」が以後にも繰り返され、繰り返されるだろうと確信される。それが日常だ。「いま・ここ」は、幅があることで過去と未来を共立させたが、日常は繰り返すことによって、以前と以後を共立させる。以後が以前となり、以前あったことが反復によって以後にもなるのだから。実家は、日常を開いて見せることで、以前と以後の肯定的矛盾を形成している。

にもかかわらず、そこにある以前と以後に意味を持たせる両親はすでにいない。実家の家具や調度品を見れば、その場所の主役が私でないことは明らかだ。父の集めたおびただしい数の小さな土産物やこけしの類は、私がみてもどこで買ったもので、どのような謂れがあるのか、まるでわからない。高さ三〇センチほど、おそらくは一尺のこけしは、地震でも倒れないように、小さな人形ケースに隙間なく並べられている。押し入れには、父や母の布団が丁寧に畳まれているし、衣装ダンスにはクリーニングの袋に入ったままのスーツや、膨大な数のネクタイがぶら下がっている。桐のタンスの一つには母の着物などが入れられ、もう一つの桐のタンスは両親が最後まで使っていただろう、衣類や靴下の類が入っている。鏡台の下の小さな洋ダンスには、タオルが綺麗に四角に畳まれ、単行本のように縦に並んでいる。

私が記憶し、私が日常を感じるものであっても、その来歴やその後の行方を、私は忘れたのではなく、原理的に知らない。祖父が作ったと言われていた鶏小屋も実際制作風景を見ていたわけではなく、それがどのように取り壊され、鶏がどうなったのか知らない。あれほど大きな三和土の石が、どこから運ばれ、どこへ行ったのかも知らない。いつの間にかなくなった物干し竿をかける柱も、いつ設置し、いつなくなったか、私は当時、大学で実家を離れていたので知らない。そしていつも眺めていた岩松の鉢も、その由来も価値も知らないのであった。つまり実家にあるものの多くは、私が日常を感じてはいても、両親の日常を通した日常であり、両親が作り出した日常によって、根拠づけられたものと言えるのである。

したがって、両親がいなくなったことで、この日常は根拠を失っている。以前と以後は、日常として共立しながら、意味が失われることで脱色されている。ここにも、二者択一的な以前と以後を、日常として共に受け入れながら、脱色され共に否定されてしまう、トラウマ構造が見出せるのである。ヒシバッタやオオスカシバの蛹の記憶同様、もはやこの実家は、外部へ接続する場所、アートを召喚できる場所ではないか。こうして、私は、天然表現の場所を、決めたのである。

†はじまりのアート、その種

ではこの場所、実家で何をするというのか。私は、何を制作し、何を作品化しようというのか。私の目的は、作品を制作するというある種の賭けであった。創造とは外部を召喚することだ。相反する二つの概念を共に受け入れる肯定的矛盾と、共に脱色し否定する否定的矛盾を共立させ、トラウマ構造を開くとき、そこに二つの概念を想定し、両者をどう関係づけるかと思案していたときには思いもよらなかった、その思考の外部が召喚される。それこそが創造であり、絶えず創造するシステム、生命の構えである。その延長線上で、いわゆる作品の創造、作品制作まで実現できるか。アートとは無縁な私に、それが可能か、いや、可能であろう、そこに賭けてみよう。

その制作の場として浮かび上がった場所こそ、もはや両親のいない実家であった。その場に居て、幼児期の記憶を思い返すとき、一人称的な当事者のヴィヴィッドな記憶でありながら、三人称的なイコン的象徴的イメージとして、ヒシバッタやオオスカシバの蛹のイメージが浮かび上がった。それは一人称的記憶と三人称的記憶を同時に満たすものでありながら、機能的にはその両者を否定するものであった。その意味で、ヒシバッタやオオスカシバの蛹のイメージは、外部を召喚する装置、トラウマ構造そのものだった。

実家におけるトラウマ構造は二重になっている。両親の死んだ実家という場所が、脱色された日常を実現しており、トラウマ構造を開く場所だった。以前と以後とは、反復の意味で共に肯定されながら、両親の死によって意味を失い共に否定された。だからそこは、トラウマ構造を開き、外部から何かを召喚する場所なのである。そこへ召喚された一つの種《たね》、アートの種のようなものこそ、当事者の記憶でありながらイコン的な、ヒシバッタやオオスカシバの蛹のイメージだったと言っていいだろう。実家というトラウマ構造において、トラウマ構造を持った虫たちのイメージがやってきたのである。

ここに創作のヒントがある。トラウマ構造を開くことで、制作のモチベーションやアートの種のようなものが召喚される。そしてそこに召喚されたものもまたトラウマ構造を有し、本質的に外部に開かれている。前章で挙げた、吉行淳之介や保坂和志の小説は、作品自体がトラウマ構造を有し、外部に開かれていた。だからこそ、作家自身も作品の完成の感覚において外部を召喚し、作品を読む読者も読書において外部を召喚するのである。そこにある穴＝不完全性に由来する当事者性こそが、作家性を担保するのである。

そこで私は、この虫たちの記憶イメージ、脱色された日常としての実家というイメージそのものをテーマとすることにした。虫の記憶イメージは、私的で経験的なイメージと理念的で一般的なイコンのようなイメージを両立させたものだ。まずそれを念頭において、かつ、それを脱色する必要がある。もちろん、その経験は、私が体験した個人的で他の誰も知り得ないものだ。その個人的な経験を、しかし、経験しなかった鑑賞者にも理解できるように制作する必要がある。

いや、必要などない。私は、特別に鑑賞者を想定し、理解してもらおうと制作するわけではない。必要なのではなく、トラウマ構造を擁する作品は、必然的に鑑賞者という外部を召喚するのであり、各鑑賞者における作品理解を召喚するのである。そして、虫の記憶イメージが個人的で経験的なものだけではなく、イコン的で理念的なものでもあるがゆえに、今度は逆に、イコン的で理念的なものから出発して、各々における経験的なものを共立させることは可能なのである。

†脱色される遺品

第一に、私は、この実家に残された夥しい遺物を、並べることで、その意味が脱色できると考えた。実家に残されたもの、それは両親の遺品である。遺品とは、生前を思い出し、死後を悼むものだ。したがって遺品は、死の以前と以後という相反するものを共立させる、それ自体が肯定的矛盾である。もちろん、それは私の両親の遺品であって、他人にとって特に意味のあるものではない。しかし、まったくないというわけでもない。

村ごと打ち捨てられ廃墟となった村を訪ねれば、そこにある生活用品や道具類に目を向けざるを得ない。そのとき、そこにいた人たちの生活に思いを馳せ、その後住人たちはどこへ行ったのかと考えることになる。そこには、打ち捨てられる以前と以後が、共存することになる。それは遺品と同じ構えを持つ。

昨今の廃墟ブームは、何も現代特有のものではない。ヨーロッパでは、例えば、ローマ時代の洞窟のような宮殿群が一五世紀に入って顧みられ、ルネサンス期に入るとグロテスク装飾として好まれた。一八世紀にはやはり打ち捨てられていたローマ時代の廃墟や中世の大聖堂跡地などが、好んで絵画として描かれるようになる。廃墟に対する嗜好は、考古学的嗜好ではない。かつてそこで生活していた人たちについて知りたい、というのではなく、廃墟以前の生活と以後の荒廃の共立に対する感慨を嗜好しているのだ。その限りで、それはやはり遺品と同じ構えを持つのである。

つまり遺品は、特定の経験（自分の両親の遺品であるという経験）がなければ以前と以後の肯定的矛盾を形成しえないものではなく、いかなる経験をしている人においても、その各々の経験に依存する形で肯定的矛盾を形成するのである。ただしそれは、相対的に三人称的である。以前と以後の意味を確定しようとするとき、私的な経験が卓越する一人称的な以前と以後では、無際限に意味が押し寄せる。それが無視し得るものだという限りで、三人称的なのである。

この三人称的な以前と以後を脱色する。遺品の意味を脱色する。遺品は日用品や衣類、装身具、土産物を含む調度品であり、その使われ方において特定の機能を有する。その使われ方がまったくわからなくなるような配置、布陣、並べ方において、それらは意味を失うのである。このとき、遺品は、以前と以後の肯定的矛盾を担保したまま、否定的矛盾を現実のものとする。ここにトラウマ構造が作品化するはずだ。私はそこに賭けてみることにした。

第5章 虫でも人でもない痕跡

以前と以後が同時に成立する「日常」の場でありながら、両親の不在によって、以前と以後を基礎づける意味が失われた場所——実家、これを天然表現の場所として選んだ私の戦略は、次のようなものだった。

第一に、実家に残された、通常の意味での遺品——生前（死の以前）と死後（死の以後）とを共立させるもの——の意味を脱色する。生前と死後の共立は、すでにして肯定的矛盾を成立させている。ここに脱色によって、否定的矛盾さえ共立させるとき、トラウマ構造が形成され、芸術的感興、芸術的理解が「やってくる」だろうというわけだ。

第二に、すでに私にとって、トラウマ構造を成立させている場所、実家で「やってきた」ものは、ヒシバッタのイメージであり、オオスカシバの蛹のイメージであった。それは「虫」たちの記憶である。それは、昆虫少年として、虫を採集する記憶ではなく、むしろ虫どもと遊び、虫に同化したような記憶である。これを立ち上げることが、この場所での天然表現には、ふさわしいものに思えたのだった。

したがって、遺品を脱色する方法として、「私が虫となり、虫でも人でもない痕跡を残すこと」、これが採用されることになったのである。私は、虫のように遺品の意味を奪うことになる。

1　並べ、折り畳み、脱色する

†虫たちの振る舞い

私は人であるので、私が虫になると言っても、完全な虫になりきれるはずもない。だから、私は「人であり、かつ虫である」ものとなる。ここに、人と虫という共立不可能なものが共立する、肯定的矛盾が形成される。その上で、「人でも虫でもない」ものが作る痕跡を残すのであるから、ここに人と虫の否定的矛盾が形成されることになる。だから、肯定的矛盾と否定的矛盾の共立によって、トラウマ構造が形成される。

私はどうすれば虫になれるのか。虫が作る痕跡とは何なのか。これには多少、自信があった。私の研究室では、かつてよりマダコやさまざまな庭アリ、ヤドカリ、群れを作るミナミコメツキガニ、砂団子で複雑なパターンを砂地に作るコメツキガニなど、さまざまな動物の行動を調べてきた。そのために、小さな甲殻類を含めて虫どものやることを想像できるという、ぼんやりとした感覚がある。それは元々、生物学的興味として研究されているのではなく、むしろ子どもの頃の虫どもとの同化の延長として、研究の形をとっているからかもしれない。

山林ではなく、平地の庭に生息する庭アリの仲間であるトビイロケアリは、研究室で簡単に飼育できる。アリの巣を見つけたら、その巣の上に、やや湿らせた新聞紙を詰めた植木鉢を被せておく。こうするとアリは、植木鉢内の新聞紙にもまだ地中が延長されているかのように、幼虫や卵を運び込み、その世話を始める。こうして、幼虫や卵ごと膨大な数のアリを捕獲することができるのである。

このようなアリの群れを、新聞紙の一部と共にプラスティックのケースに入れる。ケースの中には、蟻が出入りできる穴を開けた、小さなプラスティックの小箱を入れる。小箱の上は、赤色透明のプラスティック板で覆う。こうするとアリは、小箱の中を光の届かない地中と錯覚し、その中を巣として行動する。小箱の中に卵や幼虫を運び込んで、世話をするだけでなく、新聞紙とシルト状の細かい土粒子を混ぜ、小箱の中に複雑なアモルファス的構造物を作ったりする。アモルファスとは、鉱物結晶のような規則的構造を持たない物質の状態で、ガラスがその構造の代表格だ。もちろんそれは、人間が見ると乱雑な印象はなく、規則がありそうで、歪んだような、そういった印象を与える構造体だ。

研究室では、さまざまな実験をした。アリは道具を使うか、というテーマもその一つだ。食物としての運び方から、まずはアリの好き嫌いを調べた。そうしておいて、例えば、好みではないが運ぶ食物を圧縮してシート状に延ばし、その上に顆粒状にした好きな食物を置いてやる。シートの上に載せた顆粒状の食物は、一個体のアリで運搬できる。そうやって運べば済むものだ。しかし、バラバラに運ぶことをせず、シートごと運ぶのであれば、それはシートを台車のように使用した、つまり道具として使用したということになるのではないか。実際、実験してみると確かにそうなった。アリは台車に載せた餌を、多数の個体で引っ張り、巣穴まで運んだのである。

食物がセミやコガネムシの死骸のようにあまりに大きい場合、その上に土の粒子や、それもない場合には、細かい枯れ草片などを落として覆い、隠そうとする。そうして、半分砂山に埋められたようなセミやコガネムシを少しずつ移動させて巣に運ぶのである。これが前述した中村恭子『古墳蟬』の原型である。

沖縄本島や、そのさらに南の西表島《いりおもてじま》に生息する、ミナミコメツキガニやコメツキガニは、干潮の干潟に姿を現わし、砂泥を口に入れ、その中の有機物を濾《こ》しとって食べ、残りは砂団子にして口から出す。私たちの研究では、コメツキガニが、この砂団子の配置によって、縄張りを主張しているらしいという結果も、砂団子分布パターンの解析から得られている。砂団子は、まるでドリブルのようにカニに蹴られ、移動させられ、配置される場合すらあるのだ。孤立して点在する砂団子は、隣接する他の個体の侵入を阻む、囲碁における布石のように使われるのだ。

かように虫たちは、何かの痕跡を残し続けている。もちろん、虫どもに、人間が見出すような目的が、あらかじめ認識されるはずもない。虫たちは、無目的に、能動的に、しかし徹底して受動的に、痕跡を作り続ける。

†こけしを並べる

虫たちのように、家にあるものを運び、並べ、人でも虫が作ったものでもない痕跡を残す。私はまず、人形ケースに立錐《りっすい》の余地なく並べられたこけしで、それを実現することにした。人形ケースに入った一尺ほど（三〇センチ強）のこけしは、重ねて並べられているものの、皆正面を向き、見られるために並べられている。別の人形ケースにも、もっと小ぶりのこけしが並んでいるが、それらも皆正面を向いている。

大きなこけしには工人の名の入ったものもあり、こけしに詳しくはなくても、その顔から、弥治郎系、鳴子系、作並系など、東北の温泉地のどのあたりで作られたものか判別できる。すべて父がいつの間にか集めたものだ。

このこけしを、虫たちが運び出す痕跡のように並べてみる。人形ケースから出し、畳の上に並べてみる。こけしを横倒しに置き、軽く重ね、細長く続く山のように並べてみる。

しかし、どのようにやっても、それは私が並べたものになってしまい、無作為のように並べようという作為を感じてしまう。

もちろん、私は、アリになれるはずもなく、アリでありかつ人であるとは、ある幻想的思い入れを前提としてのみ成り立つ虚構だということなど、折り込み済みだ。それでも、その違和感にストっとハマる何かがやってこない。まだ私の中で「作品化」していない、というわけだ。

アリはどこから来てどこへ行くだろうか。アリはもちろん、こけしの意味など知る由もない。家の中で、こけしにとって最も縁遠い場所にこけしが置かれていたら、それは虫の仕業のように思えるのではないか。虫の仕業のようで、人でも虫でもない仕業となる。

食器棚が開けられ、米櫃《こめびつ》が倒され、食器棚に一時的に置かれたこけしがまた運び出される。米櫃の中、米の中に半分埋まったこけしがあり、そこから運び出されようとするこけしが、台所の板の間に列を成している。栓抜きやおろし金の入った食器棚が開け放たれ、その中には、こけしがびっしりと横に並べられて入っている。そのようにこけしを並べ、絶えず並べ替えてみた。これは虫の仕業ではないのか。

実家のような昭和の台所は、機能的な収納がない。台所の中央には、電動餅つき機や、大きめの蒸籠《せいろ》が箱に入ったまま積まれ、その上には、割合とすぐ使いそうな、鍋敷きや、

図5－1　台所の島を囲むこけし

配膳に使うお盆の類が積まれている。それはまるで、「島」のように思われた。

　虫たちが這い回る小さな庭の中で、その島は、虫たちにとっての巣穴の目印かもしれないし、もはや巣の一部、橋頭堡《きょうとうほ》や、巣の外にある一時的な倉庫のように機能する場所かもしれない。

　虫になった私は、ぼんやりと、そのようなことを考えていた。そして、その島の周りに、こけしを並べていったのである。こけしは、こけしである意味を完全に失って、草や枝のように並べられた。コメツキガニが砂団子を綺麗に並べるように、アリがシルトの小さな塊を並べるように、こけしは、結果的に整然と並べられた（図5－1）。しかし、それは実在するカニやアリの仕業ではない。カニやアリは、小さな木片や砂団子ではないコケシなどに、興味を示さない。

　このとき、私において、理解が召喚された。虫であり人である私において、虫でも人でもない痕跡が作り出した、意味的な穴へ、私における作品の完成が「やってきた」のである。

†ハンカチと靴下の作り出す表面

洋服ダンスや桐のタンスには、両親のハンカチやスカーフ、靴下などがまだたくさん残っていた。それらをどうしたらいいのか。私はそれを、丸めてみることにした。私が見てきたアリや虫どもの仕業ではなく、もっと想像もできない未知の虫、そういった虫が、苔のようなもの、キノコのようなものを栽培している。そういう感覚が、突然頭にやってきたのである。中南米に生息するハキリアリは、ジャングルの樹木の木の葉を、歯で器用に切り取り、それを巣に運んでいく。

運ばれた葉が、そのまま食用にされるかというと、そうではなく、これを地中の巣の中に溜め込み、発酵させてキノコを育て、そのキノコを食べるのである。つまりハキリアリは、ある意味、農業をしているわけだ。

内側に折り返され、臼のような形に丸められた靴下は、二階の畳間に、同心円状に隙間なく並べられ、まるで枯れ木や地面を覆う苔のように、赤茶けた畳の部屋を覆っていく。その周囲に、ハンカチやスカーフ、そして父や私の肌着までもが、内側に織り込まれ、丸められて置かれていく。胞子のような靴下、ハンカチ、肌着は、島状構造を成し、いくつかの島をつなぐ構造体のようなものも形成されては消えた。

靴下やハンカチの胞子から構成された構造物は、毎日のように配置を変え、ある日には点在し、また別の日には、凝集した胞子によって列島を形成する。昼、明るい日差しを浴び、温室のように温まる畳敷の部屋は、夜には表情を変える。近隣の家も廃屋や、無人の家が多い住宅地は、日没後、ほとんどひと気がない。人の声はもとより、通りを走る車の音なども耳にすることはない。

実家での食事はほぼいつも自炊である。夕方買っておいた、アメリカン・ビーフは、ステーキ肉一枚で五〇〇円ほど、暗い台所に放置され、ほぼ常温に戻っていた。ニンニクの鱗片の一つを五、六枚に薄切りして、肉片にこすりつける。フライパンにオリーブオイルを入れ、肉片の色がやや移ったニンニクを投げ入れ、火をつける。ニンニクを取り出し、油の熱くなったところで肉片を入れる。高温で、肉の焼けるチリチリという音が聞こえるまで蓋をして、その後裏返し、頃合いをみて、フライパンから出し、アルミ箔に載せて、隙間を開けて包みこむ。フライパンの油を捨て、赤ワインと塩を入れ、煮詰めただけのソースにする。

一五分ほど待った肉は、肉汁も落ち着いて切っても汁は流れない。これを二ミリほどの

図5－2　靴下、ハンカチ、肌着の胞子状構造体

削ぎ切りにしていく。包丁を斜めにして切られた肉は、切った瞬間、やや淡いピンク色を呈した灰色で、焼きすぎかと思える。しかし二、三秒後には、その切断面は牡丹《ぼたん》色に近い濃いピンク色を呈し、艶消しでありながら鮮やかな色の、ミディアム・レアを示してくれる。薄い平皿に赤ワインのソースを敷き、削ぎ切りにされた肉を並べていく。薄く切るせいで、びっしりと整列させても皿一面を覆い尽くす。これとご飯、葉物のサラダで夕食をとり、靴下やハンカチの胞子に向き合うため、二階へと上がっていく。

日の落ちた二階の部屋で、靴下、ハンカチ、肌着から構成される胞子状構造体は、廊下からの明かりを受け、ぼんやりとその姿を現す。それは、すっかり、人でも虫でもないものによる痕跡になっていたのである（図5－2）。

2 岩松の中のオオミミズ

岩松のジャングル

両親がいなくなっても一〇日に一度ほどは実家に戻り、三、四日過ごして帰京する。その最大の目的は、二〇〇から三〇〇鉢ある、岩松を中心とした鉢植えの世話だった。ありがたいことに、近隣の父の知り合いの方が、草むしりや水撒きをよくしてくれていた。家屋周辺の大きな雑草も、もれなく刈ってくれた。おかげで庭自体は、荒れ果てることもなく、整然としている。ただし岩松の鉢は隙間なく置かれているため、鉢の間の地面から、かなり丈のある雑草も生えてくる。それを抜くには、大量の鉢を動かす必要があるため、かなりの重労働となる。父の知り合いもまた高齢であるため、それはしないように頼んでいた。

ちょうど新型コロナの流行で移動の自粛が強く叫ばれていた頃、ひと月ほど実家に行けないことがあった。そのときには、鉢の間から一メートルを超えるアザミが何本も生え、鉢を移動しての抜き取り作業に、かなり苦労したものだ。ただ、コロナの時期にあっても、中国のように都市が封鎖され、移動が禁止されたわけでもなく、私は、けっこう自由に移動していた。実家近隣の人も、そこまで過敏ではなく、町内会の件で話に来て、私も応じたりしたため、以前と同じようなペースで東京と実家の間を行き来していた。

岩松は、イワヒバとも呼ばれ、渓谷の崖に自生するシダ類である。滝など水のよくかかる岩場に見つけることができるが、夏の水の豊富な時期なら、青々とした緑が目にも鮮やかだ。秋には、黄色から赤褐色の紅葉を見せる。これが冬の渇水期になると、まるで枯れた杉の葉が丸められたような形と色味になる。白褐色の姿はとてもまだ生きているようには見えない。ところがこれに水を与えると、一日もたたないうちに、緑が蘇る。

その岩松が、鉢に入れられ庭にびっしりと置かれている。古い鉢には、父が義父からもらったものもあり、一〇〇年以上経ったものもある。水がなければ収縮して丸くなり、水をやれば青々と広がる。とは言っても、少しずつ葉状の組織は世代交代していく。古い組織は枯れて細い針金でできた樹木のような構造を作り、新しい青々とした組織はその頂点に位置することになる。

鉢植えの岩松が一斉に葉を広げた姿は、上から見ると、熱帯雨林を飛行機から俯瞰したような、そういった雄大な景色にさえ思えた。屋外に設置された水道から長いホースを使って水を撒く。夏場には、そうすると水を撒かれて嬉しいのか、岩松の樹冠にカナヘビが

図5−3　岩松のジャングルに現れたカナヘビ

現れる。まるで水を喜んで挨拶するように出てきて、こちらを見ている（図5−3）。カナヘビは何匹も現れて、散水を楽しんでいるようだった。

岩松をどうするか。虫どもならどうするか。私は、虫のように、岩松のジャングルに分け入った。人であり虫である私は、ジャングルに分け入るために、鉢を持って動かすことになる。それが、人でもあり虫でもある私の分け入り方になる。どこからか飛んできた種から芽を出し、もはや四メートルほどに成長したモミの木の周りには、その枯葉で植木鉢を半ば覆ったような岩松の鉢もある。枯葉を除き、鉢をどかし、鉢の下の地面を剝き出しにする。そこには、ドクダミの根や、岩松と異なるシダ類と共に、マルムシやハサミムシ、ミミズが蠢《うごめ》いている。

†喪服を引きずり、まるめ、自ら進む

図5－4　運び込まれる喪服

鉢をどかし、玄関前にまで動かし、配置する。通路のような広がりが自ずから東西方向に出来上がっていく。なぜか真ん中に穴が掘りたくなり、穴を掘ってみる。それは虫どもの巣穴だろうか。三〇センチ程度掘ったところで、空の植木鉢を埋めてみる。逆さにした植木鉢の中にも土を満たし、微かに鉢の底面の上の土が盛り上がるように、鉢は埋められる。これは巣に違いない。私は家屋の中に入り、洋ダンスを開けてみる。そこには何着も父の喪服が掛けられていた。その喪服の一つを取って、庭に出る。私の唯一の革靴も実家の玄関に置いてあった。

これらを巣穴へと運んでみる。巣穴にねじ込まれるように、靴や喪服、私が今着ている下着が脱がれ、配置され、下着は埋められる（図5－4）。それはまるで、アリの仕業のようだ。

アリの仕業でいいのか。私は人であり虫でありながら、人でも虫でもないものだ。その痕跡は、人でも虫でもないものによる痕跡である。そういうものを作らなければ、人と虫の強度は脱色されない。私は、今まで以上に、「人でも虫でもないものの痕跡」の意味を重く考えるようになった。

痕跡とは、「そうであった」ことが遡及的に推察されるものだ。何がその痕跡を残したのか、「わたし」は知らないものの、原理的にその痕跡を残したものは存在している。それが痕跡の前提になっている。マンモスの残した足跡は、「マンモスの足が地面を踏んだ」という事実を絶対的な真としながら、しかし、過去のことであるから、「わたし」はそこに漸近するだけで、原理的に知ることができない。痕跡においては、絶対的真が、認識可能な世界の壁の向こう側に隠されていることになる。

対して、私がここで作ろうとする痕跡は、過去を持たないのであるから、そのような絶対的真を持たない。それどころか、絶対的真を想定もしない。想定もしないとは、マンモスが地面を踏んだことを想定して、足跡を作るわけではないということだ。私は、アリの仕業を想定して、痕跡を作ることができない。

「人でも虫でもないものによる痕跡」は、たかだか想定可能な二者、人と虫とを取り上げて、しかし、そのどちらでもない、と言っている。これによって、想定可能な限りで、何者の痕跡でもない、と宣言している。つまり過去という絶対的真を想定せず、過去を宙吊りにした、いや、もっと言うなら、過去を持たない「痕跡」を構想することになる。

つまりそれは、純粋な「痕跡」だ。純粋な痕跡、それはどういうことなのか。例えば、人はデジャブというものを感じることがある。デジャブとは、初めての場所で「ここに来たことがある」と感じる体験のことだ。前近代において、それは前世の記憶である、と言われたこともあった。もちろんそうではなく、過去の経験が伴わないにもかかわらず、経験したかのような感覚だけが、そこに伴ってしまった、そういう体験である。つまりそれは、過去の存在しない記憶であると言えるだろう。過去によって根拠づけられない記憶、という意味で、純粋な「記憶」なのである。

図５－５　『水は時折、とりわけ夜になると』（2022年）

純粋な「痕跡」も同じことだ。それは過去を持たない記憶の実体である。過去を持たず現存する実体、それは、人と虫の肯定的矛盾と否定的矛盾を共立させる形において、外部を召喚するものであり、決して閉じていないものである。過去を持たず現在においてのみ存在し、外部を召喚し続ける存在、つまりそれは、もはや生き物の痕跡ではなく、生き物それ自体ではないか、と思われるのだ。

こうして、純粋な痕跡は、何らかの生命体の様相を呈してしまう。痕跡としての喪服は、まるでオオミミズが、どこかに帰還するように、丸められ、配置される。私は、オオミミズなど思ってもみなかった。なんらかの痕跡がチューブ状の構造を作る、そのような痕跡として構想され始めたものが、結果的にオオミミズとなったのである。この全体の光景を、私はひとり写真に収めた。私において、一個の全体が完結し、「作品化」した瞬間であった（前頁、図5－5）。

†家屋の中の虫ども

純粋な痕跡としての、岩松のジャングルに現れたオオミミズは、家屋の中で氾濫を始めた。タンスの中に、書籍のように折り畳んで並べられたタオルが、引きずり出され、丸められ、並べられた。押入れの中の厚手の毛布も、引き戸の奥にあったバスタオルも、大きく折り畳まれ、丸められ、一部が裏返され、ミミズのようになって、外へと這い出し、寝室や居間に使われていた和室に、そこに置かれた座卓の上に、溢れ始めた（図5－6）。

いや、それは、ミミズという個体なのか、それとも大きな個体の中に張りめぐらされた神経系のようなものなのか、分岐した未知の消化器官のようなものなのか。とにかく、家屋の一階は、そのような器官で覆われることになった。

実家の一階が、こけしとタオルのミミズで覆われ始めた頃、水道の水漏れが疑われるため、家屋内の蛇口を点検したいという電話があった。それで待っていると、水道検査員が二人でやってきた。まずは、車道ぎわにある、水道メーターを設置した蓋を開ける。少し深いその穴の底には、水道管と丸いメーターがあり、検査員は、メーターを視認しながら水道管の音を聞く。

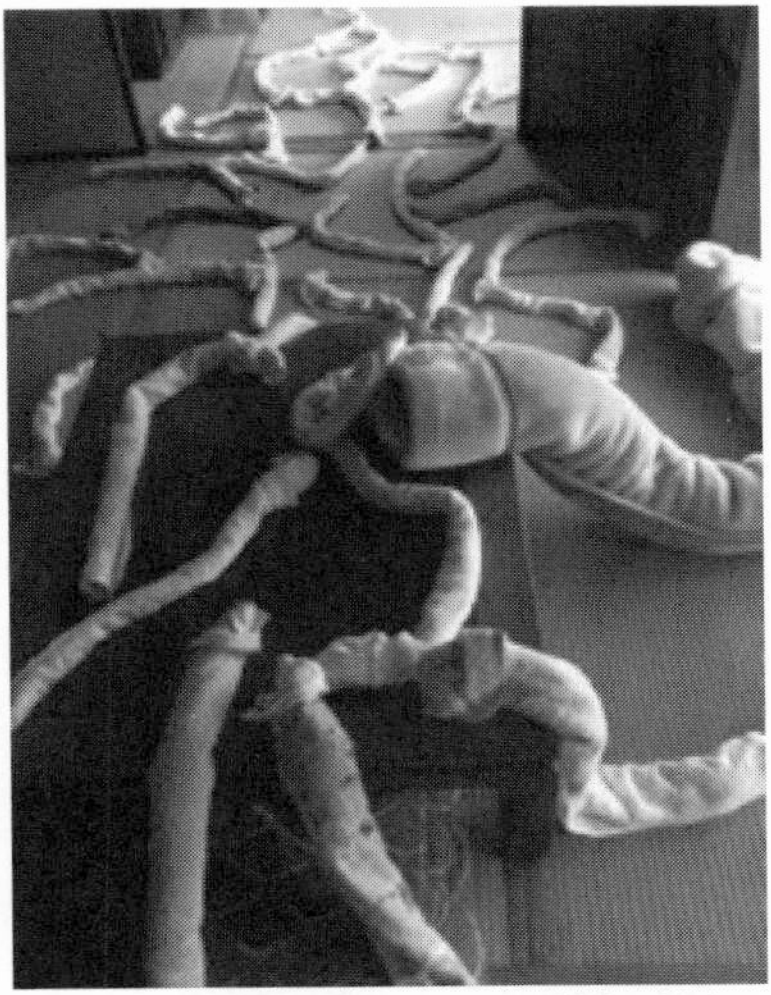
図5-6　部屋中を覆うミミズの群体か器官か

ああ、確かに自分が小学校に入る前、このような蓋が庭の隅にあって、それを開けて遊んでいたものだ。家の中の家電器具は、ほとんどダイヤルか押しボタン式であり、飛行機の計器のような、重厚な機械感は、屋外にあったこの水道用メーターしかなかった。しかもそれは頑健で無骨な機械感を漂わせながら、土の中にあって、いつもそのガラス面には泥や水が付いていた。子どもだった私は、そこに、何か大地を動かす秘密の機械のような怪しさを感じていたのだ。

二人の検査員は、以前検針したときと比べると水漏れの兆候はほとんどないが、それでもまったくないというわけではなく、どこかに漏水の可能性がありそうだと説明した。その後、二人は、台所と風呂場の蛇口を調べるため、家の中に上がってきた。

当然、家の中は、ミミズとこけしの島だらけだ。しかし、二人は、外にある水道メーターの検針の結果、どの程度の漏水が予想されるかを口にするだけで、部屋の様子には一切触れることがなかった。気づいていないのだろうか。いや、そんなことはなかった。彼らは、畳の部屋を、慎重にタオルのミミズを踏まないように歩いていたのである。踏みそうになると、つま先を微妙に浮かしたり、ずらしたりしながら、絶対に踏むまいと、全神経を足先に集中させていた。にもかかわらず、彼らは決して足元を見ようともしなかったし、これは何なのかと尋ねることもなかった。

水道の蛇口や、家の中の水道管の流れを調べ、どこにも漏水がないことがわかると、二人は、何事もなかったかのように家を後にした。おそらく、帰りの車中は、「今の家はなんだったんだ」という話で持ちきりだったに違いない。

3　皮膚をむしるように段ボールをむしる

†大量の段ボール

実家の中には、至る所に、折り畳まれた段ボールが、何枚かごとに重ねられ、置かれていた。それは、壁と家具の間の隙間や、押し入れの奥に、邪魔にならないようには置かれていたが、何しろ溜め込まれていた。

独立して実家を離れた人の多くは、実家から届く、段ボール箱の宅配便を経験するだろう。学生時代には、すぐ食べられるようなレトルト食品や、缶詰の類が入っていて、多くの場合、どこかから頂戴した菓子類や果物の類が入っていた。いずれの場合も、段ボールの中にはさまざまな食品が隙間なく詰められていたが、どうしても詰めきれなかった空間には、タオルやティッシュのような、取り立てて送ってもらうほどのものではない、消耗品の類が、緩衝材のように詰められていた。

転勤が多かった父は、それぞれの任地で付き合った人たちと、引退後もやり取りをしていたようで、電話や宅配便のやり取りを、たまに実家に行っても目にすることがあった。

そのようなやり取りのため、段ボールや、梱包のための紐やガムテープ類は常に常備されていた。だから段ボールが至る所にあったわけだ。

この段ボールの意味を脱色する。それは、梱包し、どこかに送るという機能が失われ、その物質性のみを前面に展開したような様相を示すものとなる。私は、段ボールを細かく引き裂いてみようと思った。しかし、それは相当の腕力がなければ難しい。そこで昨夜入ってまだ湯を抜いていない、風呂桶の冷めた湯に浸してみることにした。

段ボールの表面は光沢のある塗料でコーティングされているため、水はなかなか浸透しないかと思っていた。ところが、風呂桶に入れた瞬間、段ボールは水を吸ってブヨブヨに膨れ上がる。私は調子に乗って、次々と段ボールを風呂桶に入れ、水を吸わせた後、絞って水分を抜いた。その段ボールを、今度は庭に運び出し、自転車の上、植木の上、塀際に並べておく。天日干しして、完全に水分を抜くためだ。こうして段ボールを庭に並べ、東京の家に戻り、また何日か後に実家に来て段ボールを回収する。何日か外気に当てれば、埃《ほこり》や草や葉を伴う風にもあたり、何らかの風合いを出すのではないか。

はたして一週間後にやってくると、段ボールは完全に乾き、あるものは反り返り、あるものは圧着されたように潰れ、あるものは体を裏返しにしたように、内部を曝け出している。それを回収し、付着した土は払って、家の中に積み重ねた。ゴワゴワに乾いた段ボールは、それだけでかなりの体積となったが、このままでは単に捨てられて野ザラシになった段ボールに過ぎない。それは虫の仕業ですらなく、人でも虫でもないものではない。

†剝がし、引き裂き、ちぎる

人であり虫である私は、乾いた段ボールを両手で握ってみた瞬間、これを剝がし、引き裂き、ちぎってみることに決めた。私の踵《かかと》は乾燥して角質化し、ひび割れてさえいる。私は、その踵の皮膚をむしり、場合によっては微小な立方体状の皮膚をつまみ出し、剝がしてしまうのだった。それが心地よくて、いつも踵はボロボロに粉砕されてしまう。

それは、ある種の自傷行為のようなものだろうか。夜、乾燥し体が痒《かゆ》くてたまらず、それを掻きむしることも好きだ。「ああ、血が出るまで尻を掻きたい」などというと、子どもは「きもいよ。言っていることがきもいよ」と大真面目に叱責する。しかし実際、布団の中では身体中掻きむしってしまい、手の届く範囲は瘡蓋だらけ、それも掻きむしるので、下着にはしばしば血の跡がついている。

つまり段ボールは、皮膚をむしるように、むしられることになる。段ボール材は、中央に、波形に褶曲《しゅうきょく》した薄い紙で作られた構造体があり、その両側にやや厚手の紙が貼られている。この紙を剝がす。どうせ剝がすなら、濡れた状態の方がずっと剝がしやすいはずだが、それではいけなかった。圧着して剝がし難く、無理に引き剝がす感触こそが大事なのであり、そのことによって初めて、波状のボール紙の表面に、微妙な凹凸が現れ、場合によっては、表面層のボール紙が千々にしがみ付き、表情を与えるのだった。

三層から四層に剝離した段ボールは、手で握られる程度の幅に引き裂かれ、その都度、適度な長さに切り裂かれた。こうして、短いものは一〇センチ程度、長いものは六〇センチ程度と、さまざまな長さの段ボール片が形成された。そうして、それらは、握り潰さないように慎重に握られ、凹凸が与えられ、段ボール・チューブ虫と呼べるようなものへと変貌していった(図5-7)。

図5-7　剝がされ千切られ丸められた段ボール

段ボール・チューブ虫は、部屋の隅に固まり、まるで上方へと伸びるかのように積み重なりながら、一階でも二階でも、部屋の至る所に広がっていった。障子の隙間から入り込み、薄暗い畳敷の部屋に展開される様子は、段ボール・チューブ虫が、何らかの虫の痕跡なのか、それともこれ自体が、虫なのか、私にも判然としないものとなった。段ボールの波状の縞模様は、ミミズなど環形動物の縞にも、堆積物や結晶の成長が形成する季節性の縞模様にも見えた。

このように段ボール・チューブ虫を広げていきながら、私は、ひと月に二、三回の頻度で実家を訪ねた。そのたびに、数箱の段ボールを風呂桶の湯に浸し、天日干しのため、庭先に広げ、放置していった。あるとき、実家に戻ってみると、広げてあった段ボールがひとつもない。代わりに、物置の横にあった箱を入れるコンテナなどが、防水布などを被せられ、雨水が入らないように梱包されていた。明らかに、近隣の方が、好意で整頓してくれたのだろうとわかった。その際、広げられた段ボールは、ゴミと判断されたのだろう。不用意に重ねて放置された段ボールが雨風で散乱した、そう解釈され、捨てられたことは明らかだった。

図5－8　二階の客間に展開する段ボール・チューブ虫

こうして実家は、島状に配列したこけし、靴下、ハンカチ、肌着の胞子構造、喪服やタオル、毛布の虫ども、段ボール・チューブ虫に覆われていった。私は、何のためにこんなことをしているのだろうか。それは自分でもわからなかった。ただ、実家にひとり戻り、二、三日を過ごしてはこれらを微修正し、段ボール虫を積み上げた。誰に見せるわけでも誰かに見られることもなく、それは増殖していったのである（前頁、図5－8）。

実家の名義は私であるが、遠方に住む妹が墓参りなどで泊まれるように、家の鍵は渡してあった。私の不在のとき、実家を訪れた妹はかなり驚いたらしい。「どうした、とうとうおかしくなったのか」というメールがきた。その後聞いたところによると写真を撮りまくり、自分の子どもらに送ったということだった。

4　ギャラリーで展示する

†空いている地下室

ただ並べるということは、できるんじゃないか――。私の天然表現は、日本画家、中村恭子の、その一言から始まった。そのような経緯で、中村には出来上がった写真を何枚か見せた。中村は、図5－5のオオミミズの写真を見て、こう言った。

「これはすごいんじゃないの。作家だったら、みんなわかると思うわ。」

この写真を撮るのは何日もかかり、前述のように、最後には「できた」という感触を得て、写真に収めたものだった。私の「完成」が、中村の「理解」として生成したようで、そこには嬉しさがあった。

中村は京橋のギャラリー「アートスペースキムラASK?」の専属作家である。ここは料理人でもある木邑《きむら》芳幸《よしゆき》の運営するギャラリーで、ほぼ現代アートのインスタレーションを行なっている。現代アートの作家、藤幡正樹《ふじはたまさき》や銅金裕司《どうがねゆうじ》の作品展示を、作品の全国展開前に行ない、漫画家でもあるしりあがり寿の展示会は毎年開催している。中村恭子は、日本画家でありながら、その画題の特異さと哲学的深さから、バイオアートの作家、銅金裕司とASK?で二人展を行なってきた。その後、第2章で述べたような経緯を経て、中村の個展トーク・イベントで、私も話をすることになり、私もまたASK?に出入りするようになっていた。

そんなとき、毎年開催するASK?での個展に、今度は郡司も展示をしたらどうか、と中村に持ちかけられた。ギャラリーは二階と地下の二カ所あるのだが、今回、自分は地下を使わないので、そこを使わせてもらったらどうか、というのである。その結果、オーナーの木邑は中村・郡司の二人展として展示を企画し、地下での私の展示が実現することになった。

展示は冬であるため、岩松の緑は望めない。それに大量の鉢植えを持ってくるのも困難だ。ではどのような展示にするか。夏から冬にかけて、目的もなく撮り溜めた写真があり、特に図5－5のオオミミズは自分でも気に入っている。また、夏の間に撮った動画もあった。それは、岩松のジャングルの入り口から足元の地面のみを見ながら歩いて行って、オオミミズをゆっくり観察する動画だった。こういう調子で、屋内の全体を動画にしたらどうか。中村にそう聞いてみると、何人か集めて撮影しよう、ということになった。

神戸大学情報基盤センターの谷伊織は、私が神戸大学時代に学部から博士までみていた研究者で、私が早稲田大学赴任直後には助手をしてもらっていた。谷は大学演劇で舞台装置に関わっていたため、照明や撮影を得意としていた。中村も自分の日本画を撮影し、動画をネットにアップしていたため、作品の撮影には常に配慮していた。これに、現在の研究室の大学院生、大澤慶彦が加わった。大澤はストップモーションでアニメーションを制作しており、私の「作品」撮影にも興味があるということだった。かくして私を含めた四名で、撮影をすることになったのである。

図5－9　『水は時折、とりわけ夜になると』（2022年）

†動画・写真・インスタレーションへ

屋外は、さまざまな掃除、草むしりをしてくれる方を驚かさないように、撮影が済むと、その都度、父の生前の頃のように復元された。したがって夏に撮影したオオミミズは、取り払われていた。まずは、これを夏の通りに設置することが最初の作業になった。私は、コートを着たまま、岩松の鉢を持って、以前と同じように鉢を配置していく。その間、残りの三名には自由に家屋の中を探索してもらい、写真や動画を撮ってもらった。

昭和で時間が止まったような屋内は、それだけで若い彼らの興味を引くものだったらしい。いまだ現役の黒電話は、会話による通話は可能だが、番号を選択して押していく機能がないため、自動音声のサービスには一切対応できない。どの部屋の照明も、

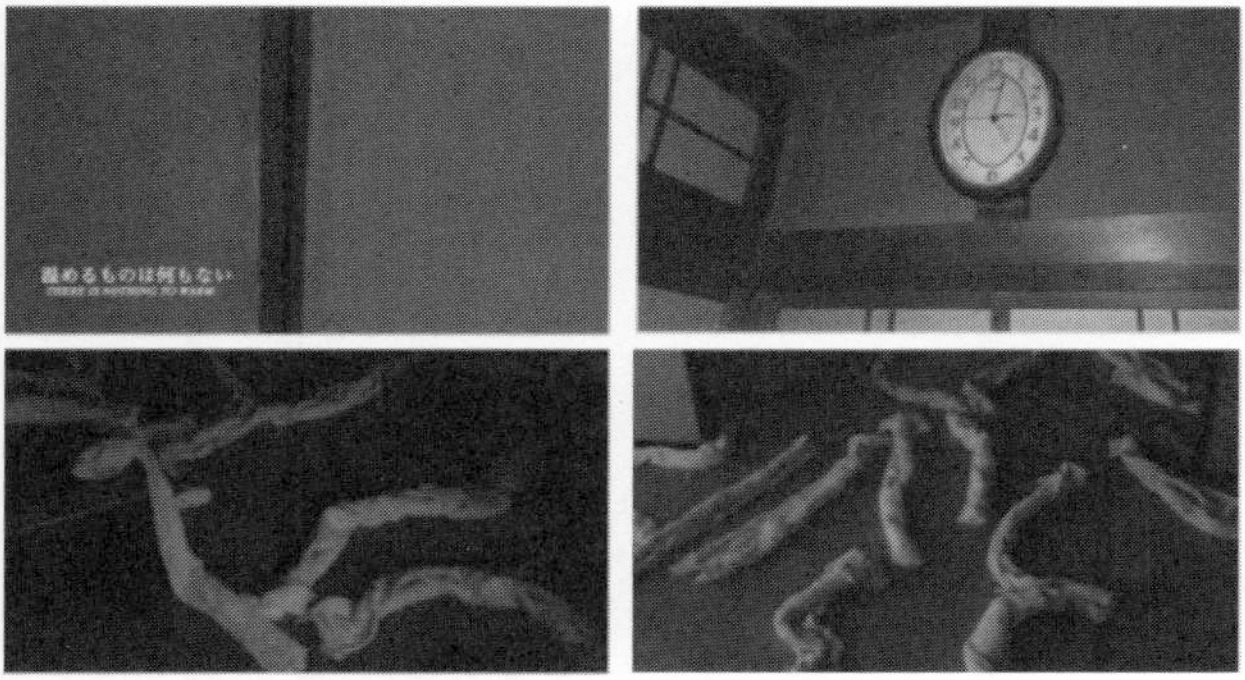

図5-10 『温めるものは何もない』（2022年）

天井から吊るされた、紐を引いて電源を入れるタイプのものだったし、人形ケースに入った夥しい土産物も、昭和の匂いに溢れていた。

彼らはまさに黒電話を撮り、秒針が一秒だけ動いては元に戻る、足踏みし続ける壁掛け時計を撮り、母が友人からもらったという毛糸の「編みぐるみ」を撮った。「編みぐるみ」は東京の家にも三個体ほど貰っておいてあるが、皆、蛙の帽子を被ったクマだった。さらに、壁にぶら下がった古びた絵画や土産物のレリーフを撮った。

その後、暗い方がいいだろうと雨戸を閉め、屋内のタオルのミミズや、段ボール・チューブ虫、さらには、岩松の中のオオミミズを撮影することになった。こうしてかなりの写真と動画が収録され、それらを私一人で編集することになった。

ところが、編集しようとすると、動画はどれも短

水溜まりはあっても、よけて通ればよかった
EVEN IF THERE WAS A PUDDLE, I SHOULD HAVE AVOIDED IT

図5-11　『水溜りはあっても、よけて通ればよかった』(2022年)

すぎる。短くていいものは沢山あったのだが、どうしても二、三分の映像作品にはしたかった。そのためには、かなりの数の動画をつなぐしかなかった。そうすると、その切り返しがあまりにも多く、自分の思っている感じと違うものになり、使えないことがわかった。逆に、長いものは光が明るすぎて、これも使えない。

そこで、夜、一人で映像を撮ることにした。雨戸を閉め切った夜の実家は、しんと静まり返り、墨の中にいるように何も見えない。この中で、小さな懐中電灯を頼りに、階段を登り、そこに配置されたものを懐中電灯で照らして撮影していく。

それは廃屋で、思いがけず見つかったように撮影された。まるで何か、禍々しい謎の生物の死骸が見つかったように、撮影されたのである。

家屋の中のスナップを含め、こけしの島や、タオルの虫に、矢印を付して配置した図式的なパネルが、二枚用意された。縦が一二〇センチ、横八〇センチほどの大きさである。図5－5に示した岩松の中のオオミミズは、『水は時折、とりわけ夜になると』という題で、縦が一五〇センチ、横一〇〇センチほどの大きさで印刷され、パネル貼りされた。オオミミズの部分が、六枚ほど、三〇センチ四方のパネルに貼られて準備された。印刷は中村が引き受けてくれ、パネル貼りもほとんど手伝ってもらって、ようやく完成した。

動画は、五分ほどのものが三本作られた。オオミミズを撮影したものは、写真と同じく『水は時折、とりわけ夜になると』、タオルのミミズを撮影したものは『温めるものは何もない』、二階の靴下・ハンカチの胞子と、段ボール・チューブ虫の動画は、『水溜りはあっても、よけて通ればよかった』と名づけられた。タイトルはいずれも、マグリット・デュラスの短編からの引用である（図5－10・11）。

†インストール

展示は、中村恭子・郡司ペギオ幸夫二人展『立ち尽くす前縁・立ち尽くされた境界』という名前が与えられ、中村は二階で、私の展示は地下で開催された。地下は二部屋から構成され、一つは白壁五メートル四方ほどの、いわゆるホワイト・キューブと言われる、現代アートでよく使われる部屋だ。ここにプロジェクター三台を設置し、三面の壁に三つの動画を各々映写する。三つの動画は同時に上映され、電源を入れている限り、反復するものとした。写真のパネルは、ホワイト・キューブの残り一面に、設置した。

ホワイト・キューブは、二メートルほどの通路奥にある、鉄製の重い扉で隔てられ、倉庫のような部屋とつながっている。倉庫のような部屋は、下水用の配管やガス管などが剝き出しになった部屋だ。私は、この部屋に、実家での段ボール・チューブ虫の広がりを再現することにした。夥しい虫が進軍し、至る所に堆《うずたか》くなった自発的盛り上がりを作り、部屋中に広がったそれは、やはりそれ自体が虫のようでもあり、虫の作った何らかの痕跡、這い跡か巣か脱皮した抜け殻か、のようにも見えた。それは、人でも虫でもないものの痕跡であり、過去を持たない痕跡なのであった。

この展示に来てくれた現代芸術家の仁科茂が、冒頭述べたように、私の展示に「はじまりのアート」という言葉を与えてくれた。仁科は、山の中に石を積み上げるような環境アートの作家である。仁科は、私の展示を見て、現代アートの作家が忘れがちな、創造の原点を感じたそうだ。彼は中村の知り合いであるが、中村からの連絡で、岩松の中のオオミミズの写真（図5－5）を前もって見ており、「なんなんだ、これは」と、その異様さが気になっていたそうだ。

二階の中村恭子展は、超絶技巧ともいうべき日本画である。一緒に二人展として展示する理由は、私の展示を無関係に入れてもらったというわけではなく、作品のテーマや作品化に関する感覚において、共鳴するものがあるからだ。

この二人展は、一年後、再度開かれることになる。そこで、私の作品は、いよいよ「人でも虫でもないもの」へと転回する。私のその新たな作品と中村の作品については、第7章で詳しく述べることになる。

5 作ってみて確信された

†生成の起源とはどのような問いか

現代哲学や思想における天然知能の意義、「創造」の意義は、実際に作ってみて、確信された。最後にそれを簡潔に述べておこう。

生きるための根拠を、確固たる構造や基盤に求めようとしても、そんなものはどこにもない。構造主義の後にやってきた哲学、ポストモダンと言われる哲学は、構造を脱構築し、存在を生成へと転換した。解体ではなく、わざわざ脱構築と言うのは、構造を完全に破壊し廃棄するのではなく、構造が絶えず流転し続けるものとして作り使うことを強調するためだ。

存在から生成へというもの言いは、八〇年代、物理化学者のイリヤ・プリゴジンが著した書物のタイトルにもなっているものだ。日本語では、『存在から発展へ』と訳されてしまったが、原題はFrom Being to Becomingである。川はぼーっとみていると静止した構造に見えるが、よく見ると水が絶えず流れ、入れ替わることで存在している。こうして、存在は、生成なのだと転回されることになる。

それは確かにそうだ。この意味で、私たちは、構造や、存在へ立ち戻ることなどできない。しかし、ここでは、一個の「もの」が現れるという個物化、いわば「もの」の起源がまったく語られていない。川がどのように目の前の流れとして現れるのかが不問にされる。プリゴジンは、生成の構造を「散逸構造」として定式化したが、外部からの召喚へという、普遍化には至っていない。

ここでいう「もの」の起源という問い自身が、極めてわかりにくい問いになっている。「もの」が確固たる構造、不変な形態であるなら、起源を問うこと自体意味がないはずだ。それは「最初から」存在しているからだ。絶対神を信仰する者が「神はどこからくるのか」と問うようなものである。

逆に「もの」を存在ではなく生成とするなら、それもまた、起源を問えないものにしてしまう。存在を生成と考えるなら、「以前も以後同様にそうだった」という反復が、生成と言い換えられた存在を意味してしまうからだ。川は流れを反復するから川なのであり、水量が変化することはあっても、「逸脱を含んだ反復」であり、その意味で、川は生成なのである。だからその起源は問えなくなる。

しかし、川の起源は、水源を見つけ、複数の水脈から流れが合流し、一本の川になるまでを述べることで可能になるのではないか。だとすると、「もの」の起源は一般に説明できるのではないか。

ところが、ポタポタ落ちる水滴は川ではなく、それが作る小さな流れも小川と呼ぶことはできても川ではない。では一体、どこから川と呼んだらいいのだろう、という新たな問題がここに見つかる。「わたし」が水源から辿って、ある程度の水量と幅になったとき、「ここが川の始まりだ」と勝手に決めることはできるだろう。しかしそれは、「わたし」だけが確信できる恣意的な決定に過ぎない。それは、一般性を要求する「説明」たり得ない。「どこからが川なのか」、実はこれを問うことこそ、生成としての「もの」の起源を問うことである。もっというなら、一般性を超えて徹底した個別性を問題にすることこそ、生成の起源を問うということなのである。

✝当事者における確信

「どこからが川なのか」を定義し、その客観性を担保することは、可能ではあるだろう。千人の人に水源から歩いてもらい、どこから川なのか指定してもらう。その位置の平均値として川の起源を決めることは妥当に思えるからだ。つまり統計的定義である。この場合、平均値に近い決定をした人は、この定義に納得するだろう。対して自分の決定が平均値から大きく逸脱した人は、何か違う、と思いながらも、「まぁいいか」で済ませるだろう。

しかし、各々の人にとってどうでもいい問題ではない場合、「まぁいいか」で済ませることはできない。芸術家の作る作品は、どこからが作品なのだろうか。もちろん芸術家は、完成の瞬間にこだわり、微細な部分にこだわり、納得して完成する。しかし、それは当事者でない一般の人間には、多くの場合理解できない。どこで終わらせようが、いいような気さえする。芸術家のこだわりは、主観的で、相対的で、一般の人間はどうでもいいと思ってしまう。

一般の人間にとって芸術とはその程度のものかもしれない。なんだかわからないが、高尚な芸術家にしかわからないものがあるんだろう、自分は知らないが、という程度のものだろう。

では病はどうか。本人でないとわからない痛み、心の病についてはどうだろう。いかに「わたし」が苦しいと言っても、「それは病の統計的定義に従うなら、病ではありません。あなたは痛みを感じないはずです」と言われて、「まぁいいか」で済ませられるか。できないに違いない。

まさにこれは、第1章で述べておいた問題だ。どこからが作品か、どこからが病か、それは本人の問題、当事者の問題なのである。

難しいのはその先だ。当事者の問題、本人だけの問題ならば、それは普遍的な問題にならない。一般化しようとする限り、当事者性は無視され、一人ひとりの違いは、統計的データとなり、サンプルに過ぎなくなる。当事者性そのものを普遍的に論じることは、哲学も含め理論において、できないのではないか。実践の形でしか当事者性は成立しないのではないか。当事者研究の成果を一般化しようとした途端に、それは通常の科学となり、当事者がデータになるように。

本書の展開は、理論か実践かと問われるところで、実践の理論、「外部へのアクセスの理論」を示すという、まさに転回だった。その意味で、実践でありながら理論であり、同時に、個別に役立つ実践的な道具でもなく、世界を説明するという意味での説明や理論でもない。しかし、それこそが、「創造」の理論なのではなかろうか。

確かに実際作ってみることで、私は「できた」という感覚を、造形という形で味わうことができた。その創造のプロセスは、「天然表現」に従い、肯定的矛盾と否定的矛盾を共立させることで実現できた。その意味で、それは創造の理論たり得るだろう。では私のような「はじまりのアート」ではなく、アート一般、芸術一般ではどうだろうか。「天然表現」はそこでも意味を持つだろうか。次章では、議論をモダンアートの文脈で、「天然表現」からみた創造性について論じていこう。

第6章
完全な不完全体

二〇二三年二月、私の天然表現は、本質的に「人かつ虫であるものによる、人でも虫でもないもの」となった。第7章では、その話題を、一緒に展示する中村恭子の作品と共に論じたいと思う。動くオブジェとなった私の作品と中村の精緻な日本画は、表面的にはとても同じ路線のものとは思えない。ところが、「完全な不完全体としての作品」を志向するという意味において、両者の目指すものは一致するのである。

ここまで述べてきた肯定的矛盾と否定的矛盾の共立、すなわちトラウマ構造こそ、「完全な不完全体」を創り出す明確な方法であり、それは本書の冒頭でも述べた、外部を呼び込む方法であり装置なのだが、本章ではその意義を、現代アートの文脈で論じようと思う。

ちなみに本書では、あえて芸術と言ったりアートと言ったりする。本来なら芸術と言いたいのだが、私のすることは、そういう専門的で洗練されたものではない。しかしアートという言葉が現れて以来、本人が宣言すれば何でもアートになるという風潮さえあり、ある意味、厳密に構想している私は、なんでもありという状況には抵抗したい。そこで、両者を併用しているのである。ただ、本章では、現代アートに言及することから、主として「アート」という単語を用いることにする。

さて、「完全な不完全体」の意義が、アートの分野にとどまらないことは、ただちにわかる。芸術は生命や意識をどのように理解するか、という問いと密接にリンクしているからだ。実際、芸術批評は、意識科学や人工知能、哲学を含む現代思想の状況とも同じ問題に到達している。独立に発展した、これら異なる分野は、いずれも、なんらかの「構造」の解体、いわゆる脱構築に辿り着いた後、「個物化＝作品化」という問題の前で、立ち尽くしている。構造という完全体を否定し、不完全なもの＝途上にあるもの、という理解に到達すると、そこでは作品の完成や、個物の起源まで否定してしまう。それに対して違和感を持たないものは、作家の精神を持たない者だ。

完全か、不完全かのいずれかではない。完全な不完全体だからこそ、「完成」や「できた」という感覚が、作家において現れ、鑑賞者において「わかった」という感覚が現れる。「完全な不完全体」こそ、芸術において最も顧みられなくてはならない概念なのである。そして真の問題は、その先にある。

1 芸術は科学と同じなのか

†フォーマリズムからミニマリズムへの変遷

芸術は、科学のように、論理的思考を重ねるものと同じものだろうか。とりわけ現代アートに対して、ある科学者はこう言っていた。「現代アートは、なぜそのようなことを考えるのか、その由来や来歴を知っていないと、まるで理解できない。ならば、それは科学と一緒だ。科学の最先端の研究は、常に文献を読み、何が問題になっているか理解している者だけが、その先に一歩を踏み出すことができるのだから。だとすると、来歴に依拠した文脈を共有し、論文の評価について体系的システムが出来上がっている科学こそ、芸術に先んじており、芸術も科学のようにするべきではないのか」と。

反アートを唱える椹木野衣もまた、同様に、芸術(アート)には芸術(アート)を理解する文脈があり、それを知るものだけがアートに新しい足跡を残すことができると唱える。椹木の『反アート入門』(二〇一〇年)は、現代アートにおけるフォーマリズムからミニマリズムへの流れに、その具体例を示してみせる。これを少し補足しながら、追ってみよう。

フォーマリズムとは、一九五〇年代、アメリカの美術批評の中から生まれた、「絵画にしかできないことは何か」を追求した現代アートの運動である。そこではまず、絵画とは描くための「表面」を持つものだという前提が発見される。次に、その表面は無際限に広がっているわけではなく、「枠」によって境界づけられた有限性を持つことが理解される。つまり表面と枠さえあれば、絵画は成立してしまう。そこで、この表面と枠の意味を最大限活かす絵画が模索される。

この文脈において、大画面と表面を塗ることとそのものに集中する抽象表現主義が生まれる。画布に絵具を撒き散らすダイナミックなアクション・ペインティングの画家、ジャクソン・ポロックや、激しい筆致で一見それとわからない女性ポートレートで著名な、ウィレム・デ・クーニングらがその代表的作家である。

絵画を「平面性」と「枠」で規定する文脈は、さらに徹底される。元来三次元的な立体物を平面に描き、枠の中に押し込めるのは土台無理がある。ならば、最初から平面的で枠の中に収まるものを描けば、それこそ本質的絵画なのでないか。ジャスパー・ジョーンズは、そのように考え、元々枠に収まった平面である「アメリカ国旗」や「標的」を描くことになる。ロバート・ラウシェンバーグは、インクを層状に重ねる印刷技術のように、枠の中に複数の絵を重ねることで、原理的に有限領域でも無限の可能性が圧縮できることを示し、その意味で、「平面性」と「枠」という前提を最大限活かした方法を提示する。こうして、一九五〇年代後半から六〇年代にかけて、抽象表現主義に代わり、ネオダダという芸術運動が台頭した。

この文脈の果てに現れた芸術運動が、一九六〇年代後半のミニマリズムである。枠に囲まれた平面である限り、そこに「描かれる」ことになる。描かれたのではなく、絵画を、単に「絵具ののった平面」として、もっと言うなら厚みのある物体にしてしまう。それこそが絵画の原本的存在様式であろう。それが、ミニマリズムを主導したフランク・ステラの戦略だった。はたしてステラは、規則的な黒のストライプによって平面性を際立たせた「ブラック・ペインティング」と呼ばれる作品を発表したのである。

こうして、「絵画とは何か」という文脈が規定され、それに沿って新たな一歩が付け加わっていき、最終的に、「単なる物体」という、形式の極北とでも言うべき芸術運動、ミニマリズムが現れたことになる。これは確かに、科学や哲学など、過去の研究によって文脈を規定し、その中で新たな積み重ねを求める、体系化された学問と同じように思える。いや、そうだろうか。もう少し眺めることにしよう。

†形式（形相）か物質（質料）か

ミニマリズムはある意味、終着点にも思える。いま述べたような歴史を見る限り、多くの読者もそのように思うのではないか。まさにこの状況において、批評家のマイケル・フリードはミニマリズムを批判する。ただの「物体」を見せられてどうしろというのか。そこには、芸術的実質が欠如し、作者や鑑賞者の主観が入り込むことを拒絶した、「客体性」——裸の物体のようなもの——があるだけだ、と論じたのだ。

フリードは、ミニマリズムの作品を演劇的であると言って批判する。彼にとって芸術作品とは一瞬でその実質を感じられるもので、その鑑賞に時間や空間的移動を要することはあり得ない。その時間・空間的体験を演劇的と呼んだのである。

現代芸術の今日的展示の多くは、インスタレーションという形をとり、作品だけではなく、その展示空間自体をも作品に含めるような体裁をとる。その意味では、むしろ演劇的という表現は批判に当たらない気さえするが、フリードは無時間的な直観を尊んだのだとも言える。ともあれフリードの批判は当時の社会に需要され、ミニマリズムは光を失う。

図6-1　関根伸夫『位相ー大地』（1986年）

ミニマリズムと似た芸術活動の一派として、日本で一九六〇年代末から七〇年代に現れた「もの派」が挙げられる。しかし、その思想的源泉はむしろミニマリズムとは似て非なるものと言うべきではないか。ミニマリズムは、絵画とは何かを、その形式において問い続け、その結果、物質性にたどり着いたが、それは抽象的な概念としての物質であり、その意味で形式である。

対して「もの派」の代表的作家、関根伸夫の『位相ー大地』（図6-1）は、巨大な円筒形の土の塊を大地から抜き取り、そのまま地表に置き、鑑賞者に対峙を迫る作品だ。「もの派」の他の作家、李禹煥《リウファン》にしても菅木志雄《すがきしお》にしても、そこで強調されるのは、形相と質料の対立における質料ではなかったのか。形相とは、物質性に依存しない形式であり、情報の作る構造である。対して質料とは、形相のみに還元しては失われてしまう、物質それ自体のことだ。

一方で形相としてのミニマリズムが現れ、それと独立に見えながら、他方で質料に特化する「もの派」が現れるという動きは、二項対立的な概念が競い合うように現れる、科学や心理学などではお馴染みの歴史だと言えるだろう。

生物は有機物、すなわち炭素を基本とするシステムだが、炭素に依存しない情報の流れとして、生命活動を一般化しようという目的が、人工生命という科学分野を生み出した。これは典型的に質料から形相一元論へという科学の趨勢を示すものだ。

「形相と質料」という対立図式を、「マクロとミクロ」に置き換えるなら、さまざまな分野で同様の交代を見ることができる。心理学では、対象の認知過程を要素に還元して理解しようとするアプローチに対し、対象を全体として認知する過程こそ重要とするゲシュタルト心理学が生まれた。人間を含む組織的システムの制御、運動に関しては、常に構成要素の相互作用から全体の運動が生じる「ボトムアップ」的制御が基本なのか、システムの中枢が存在し、そこで構想される目的を実現するよう構成要素に命令を下す「トップダウン」的制御が基本なのかという対立が、さまざまな時代に現れては消える。

外界や現場で直接働く下位組織に対し、それらの情報がより上位に伝達され最上位の中枢にまで上がると、上位組織である中枢は、上がってきたすべての情報を総合して判断し、その結果を下位に伝えることになるだろう。人間なら脳が上位組織、感覚器官や身体を動かす筋肉などが下位組織となる。ここで上位（トップ）から下位に向けての情報の流れが「トップダウン」であり、下位（ボトム）から上位に向けての情報の流れが「ボトムアップ」と呼ばれる。つまりトップダウン的制御とは、まず目的ありきでその実現を目指す制御であり、ボトムアップ的制御とは、下位組織の運動に任せて、そこから目的が自ら立ち上がってくることを目論む制御である。

そして多くの場合、二項対立の成分、両者を共に引き受け、折衷するという方針が、最終的に取られるようになる。はたして、現代アートはどうか。一見すると、ミニマリズム批判の後出現したロバート・スミッソンのランドアートは、そのような二項対立に対する折衷的解決と解釈できる。では、ますます芸術は科学と同じなのだろうか。いや、そうではないことが、逆に、明らかとなる。

†作家は何を見ているのか

ロバート・スミッソンはミニマリズムの作家として活動した後、フリードのミニマリズム批判に抗するように、地面をブルドーザーで掘り起こし、地形を変質させるランドアートを実践する。ユタ州、グレートソルト湖で制作された『スパイラル・ジェティ』(一九七〇年)は写真を見れば、多くの読者が、「ああ、あれか」と思うほど著名な作品だ。『スパイラル・ジェティ』は、湖岸から四五〇メートルにわたって突き出した、桟橋のような形をとり、先端は直径四〇メートルほどの螺旋状になった、土砂や塩、岩石、水晶から成る構築物だ。それは荒々しい自然自体でもないし、人間が住む都市環境のような人工物に特化したものでもない。いわば「自然と人工」という二項対立的なものを共に引き受け、折衷した体裁を取っている。人工は、人間が見出す形式(形相)であり、自然は、人間の認識からこぼれ落ちる物質性(質料)を意味するものであるから、「自然と人工」を共に引き受けるとは、「質料と形相」を共に引き受けることを主張する作品とも考えられる。

もしそれだけなら、それはまさに、「複雑系の科学」から脳科学、意識の科学への流れと同じものと言えるだろう。複雑系の科学は、もともと、気体の運動をミクロな立場から記述する統計力学と、マクロな立場から記述する熱力学の間の齟齬を、ミクロな要素の相互作用に、カオス力学系など非線形性を持たせることで解決しようと始まった、科学の一分野だ。

カオス力学系は、ミクロとマクロを接続する切り札として期待されたものだ。インクをコップの水に一滴垂らしてみる場面を想像しよう。ミクロな（微視的）現場を眺めるなら、インクの粒子が水分子の中で、まったくデタラメに、右往左往しているのが見てとれる。その運動を決定論的に記述することなどできない。しかし同時に、その様子をマクロ（巨視的）に眺めるなら、明らかにインクの一滴は、落下点から外側に進んでいると言明できる。つまりマクロにその運動は決定論的だ。

図6-2　ロバート・スミッソン『スパイラル・ジェティ』（1970年）

カオス力学系は、インクの粒子のようなデタラメにしか見えない運動を、決定論的に記述する時間発展の仕組みなのである。だからそれは、ミクロとマクロを接続すると期待されたものだった。
はたして、複雑系の科学が射程に収めた、極めて複雑な振る舞いをするシステムの究極の目標が、意識を生み出す脳であり、進化し続ける生命システムである。

ミクロは、物理学の文脈における実体であり質料、マクロは、同じ文脈における形相に対応すると言っていいだろう。つまり「ミクロとマクロ」の調停とは、「質料と形相」の調停の、変奏なのである。

脳は、ボトムアップとトップダウンの両系統が組み込まれ、経験に依拠しながら習慣化された現象世界として、世界を認知するシステムである、と理解されつつある。進化する生命システムは、生態系を全体として評価するトップダウン的環境と、ボトムアップ的に変異を作り出す両系統が組み込まれ、変化する環境にも適応する頑健なシステムとして理解されている。

それは、実は、第2章の「とりあえずいっとく」ハチに絡めて言及した、ベイズ推定を一般化したシステムなのである。はたして、脳も生態系も、共に「ミクロとマクロ」の調停を実現するシステムとして理解されている。

その限りで、『スパイラル・ジェティ』もまた、現代科学が理解する意識や生命と同じ形をとっているようにみえる。スミッソンは、徹底して異質な質料と形相の調停を、作品として実現し、完全な形で完成させたのだろうか。

†科学の見るものと芸術の見るものの違い

しかし、現代科学が理解する意識や生命が、二項対立的な「マクロとミクロ」を過不足なく関係づけ組織させた「完全体」であるのに対し、スミッソンのランドアートは、不完全であること、外部を受け入れ壊れていくことをその本質としている。まさにミニマリズムを批判したフリードの、芸術は無時間的なものであるべきだという主張に、真っ向から反対し、スミッソンは、壊れゆく動勢として「エントロピー」を標榜したのである。

エントロピーは、もともと熱力学から生まれた「乱雑さに向かう物質傾向の指標」であるから、そもそも科学的概念であるが、スミッソンは、エントロピーという言葉を用いながら、その意味を自分なりに拡張している。その結果、作家の与り知らない「外部」を見据え、外部に対する受動的態度を作品に実装している。壊れることが可能なのではなく、壊れるものとして完成されている。もちろん、それは最初から完成できないことを意味するのではない。

これに対して、現代科学は、ミクロとマクロ、システムの内側と外側を過不足なく組織しておいて、想定していない外部がここに加わるなら、いくらでもそれを引き受けて変更できると主張する。それが、システムの「開かれた」態度表明だ。

「部屋の中にある椅子は皆、座られていて空きはないが、誰か来れば、椅子は増やせますよ」、そう言っているようなものだ。対してスミッソンは、最初から部屋に誰も座っていない椅子を用意しているのである。これこそが、不完全さである。虚無や穴が「不在」として理解されるために、完全な形で構成される。椅子を用意しておく、ということはその一つの端的な表現だ。これこそ、「完全な不完全体」と言えるものだろう。ちなみに、完全ではない不完全体は、座られてはいないが、座ることができない、壊れた椅子だ。

スミッソンに戻ろう。同時に彼は、都市化され抽象化された場所(ノン・サイト)と自然の中の固有な場所(サイト)の両者を取り込み、サイトにノン・サイトを、ノン・サイトにサイトを見出す肯定的矛盾を引き受けながら、そのどちらでもない否定的矛盾を構想することで、『スパイラル・ジェティ』を制作しているのである。それは本書で掲げるトラウマ構造の実装である。

いや、実はスミッソンだけではない。平面と枠の規定の中で制作を構想した、前述のロバート・ラウシェンバーグも、芸術と生活を異質なもの(二項対立的なもの)と認め、絵画とはこの両者に関与しながら(肯定的矛盾)、そのどちらでもない(否定的矛盾)、両者の間にあるギャップで仕事をしなくてはならないと述べている。それは、肯定的矛盾と否定的矛盾によって、「完全な不完全体」を作り出す技術に他ならない。

心理学・認知科学も含め、科学では、そこで構築される理論やモデルは完全体であることを求められる。対して芸術の志向するものは、「完全な不完全体」であり、外部を取り込むために不完全性は、完璧なまでに研ぎ澄まされる。この点において、芸術は明らかに、科学とは異なる営みなのである。

2　記号としての芸術の死

†記号化・貨幣化

芸術作品の作家は、制作において、否定的矛盾と肯定的矛盾を考慮し、「完全な不完全体」を作り出そうとしている。できた作品とは、そのようなもののはずだ。しかし、作品は、完成した途端に、世界から切り離された、ある一個の独立な、不完全ではない「完全な物体」と思われてしまう。

第2章で述べたように、マルセル・デュシャンは、「作家とは、作品の意図と実現のギャップに身構える霊媒師のようなものだ」と述べた。しかしそのデュシャンですら、そのギャップを内蔵した「完全な不完全体」としての作品を、明確に主張したわけではない。

彼は作品完成後、作家がどんな意図で作品を作ろうが、それと独立な鑑賞者における鑑賞は、作家の意図を完全に忘れさえすると述べ、作家の意図と鑑賞者の実現の間のギャップを、むしろ否定的に捉えてもいる。この場合、完成した作品は、いかようにも意味を付与できる「対象」であることが前提されていることは明らかだ。

世界の中に溶け込まず、「対象」として周囲と切り離せることは、当たり前のように前提される。しかし、「完全な不完全体」として作品が前提されることは、作家に依存した作家固有の意図であるとして、これを退ける。それはおかしな話だ。もし「対象」が認識できる人間のコミュニティを考えることができるなら、「完全な不完全体」が認識できるコミュニティを想定することも可能となるはずだ。つまり問題は、芸術作品の前提をどう捉えるかという問題である。「対象」としての完全性だけを、無限定な超越論的前提であると特権視する根拠はない。

しかし、芸術作品は、暗黙のうちに、大前提として完全体とみなされる。それは何も、完全な秩序だった完全性を意味することや、構造があることを意味するのではなく、外部の関与なく、それ自体として周囲から切り離せることを意味する。こうして、作品の対象化が自明なものと担保されるとき、作品は記号と見なされることになる。絵画は、作家の意図を剝奪され、単なる物体となったとき、「意味のない物体」となる。それは対象化された以上、いかようにも、自由に意味を与えられる記号とみなされることになる。

このように考えるなら、椹木野衣の言うように、芸術作品は、貨幣に酷似している。とりわけ紙幣を考えるなら、物質的価値はほとんど何もない単なる紙切れが、基本的には、ただ流通することで価値を持つことになる過程は、見かけ上、芸術作品の価値形成過程に酷似する。

意味のない物体ではあるが、対象化できるからこそ、それ自体と独立に価値を与えることができる。では、自由に、恣意的に与えられるその価値に、どうやって客観性を担保したらいいか。マーケットに委ね、マーケットの中で決定すればいい、という価値基準が現れるのは、記号である以上許されることになる。いかに貨幣価値に還元できない、「質的価値こそが芸術作品には担われる」と言っても、作品を「完全体」とみなし、記号化可能と前提する限り、価値は恣意的で自由なものとなる。

ましてや貨幣経済の中に生きる我々にあって、貨幣価値を持たないものを生産することは、生きる糧を失うことを意味する。このような社会にあって、作家が生きるためには、作品が価値を持ち、作品が売れること以外に道はないように思える。そういった社会制度を暗黙のうちに前提するとき、作品の貨幣化はますます正当性を得ることになる。

†芸術の死、はたして

美術批評家の椹木は、とりわけ芸術作品の貨幣化、記号化に、キリスト教文化の影響をみる。元来、キリスト教文化圏で美術とは、神への導きだった。その中で、磔刑に処せられるイエスの顔を拭った布に、イエスの顔が刻印されたといわれる聖顔布こそ、絵画の起源なのだという。つまり、何らかのパターンに神を求めるものだ。だから、ルネッサンス以降、美術が神のものではなくなったとき、作品の価値は恣意的に決定されることになる、というわけだ。

芸術作品の貨幣化を、美学者である熊倉敬聡は「アートの死」と呼ぶのだが、それは四度にわたって繰り返されたと述べる。第一の死は、マラルメの『骰子一擲』（一八九七年）に見出されるという。マラルメは、熊倉がパリ第七大学に提出した博士論文のテーマでもある。それは、余白を積極的に利用した、絵画的でさえある詩であり、各々の語句は明確なつながりを示すものではなく、外部への橋頭堡のように、語句が打ち付けられている。断片でありながら、ページの全体の中で、視覚的全体性を担保し、余白の中に、書かれていない意味への志向性を発揮する。ここに熊倉は、「存在しないものを存在する言葉によって表現する」形式を見出し、これをアートの第一の死と呼んだのである。

熊倉の言うアートの死とは、端的に矛盾の実体化と言っていいだろう。第一の死とは、「存在しない＝存在」なる形式をとることになるのだから。以下同様に、第二の死とは、「外部（内部ではない）＝内部」なる形式をとると指摘される、マルセル・デュシャンとロシアン・アヴァンギャルド、第三の死とは、アートの復興を謳う運動における「表現しない＝表現」なる形式、第四の死は「意味のないもの＝意味」としての貨幣化したアートが、アートの死を反復していると論じられる。

熊倉も椹木も、新しいアートの可能性を明確にするため、制作の現場よりもむしろ、芸術史の中で各々のアートの局面を捉えている。前述のように、ネオダダのラウシェンバーグやミニマリズムからランドアートの道を拓いたスミッソンもまた、肯定的矛盾と否定的矛盾の共立を示唆する言葉を残している。デュシャンもまたそのパイオニアとして確信していたに違いない。しかし、残した言葉は曖昧さもあり、穴や亀裂の内在という意味での不完全さを前面化したとは言い難い。

造形作家の岡崎乾二郎や松浦寿夫は『絵画の準備を！』（二〇〇五年）で、デュシャンが、「常識的に思われる対象の見え方が実は制度に過ぎず、これを解体することとは、別様にイメージ化することである」ということを、示したのだと述べる。デュシャンは男性用小便器に泉という作品名を付けて美術展に出品し、物議を醸したが、その物体が泉ではなく、男性用小便器であるという制度こそ、レディメイド（既製品・そうであるとせよ）というわけだ。ここでも不完全さに関する言及はなく、芸術分野一般に、デュシャンが不完全さを肯定的に受け入れたとは考えられていないようだ。

ロシアン・アヴァンギャルドは、シュプレマティスムと呼ばれる徹底した意味の排除を唱える芸術運動を生み出したが、中でもカジミール・マレーヴィチは『黒の四角形』（一九一五年）を描き、半世紀先駆けてミニマリズムを唱えているようにも思える。マレーヴィチの作品は、アンビルドの女王と言われ、東京オリンピック国立競技場のコンペで最終候補となりながら、予算面で反故にされた、建築家ザハ・ハディッドに、少なからぬ影響を与えたことでも、知られている。

第三の死と熊倉が呼ぶものは、批評家による、芸術の復興に認められる矛盾の実体化である。ポロックを賞賛するクレメント・グリーンバーグ、ジョン・ケージの演奏しない楽曲「四分三三秒」（一九五二年）を賞賛したテオドール・アドルノ、語ることの否定であるサミュエル・ベケットを肯定するモーリス・ブランショが、いわば第三の死の死刑執行人とされる。

第四の死とは、デジタルアートの隆盛によってすべてがシミュレーションされ、すべてが美しくなったことでアートはいらなくなり、そこから帰結されるゾンビ化したアートであると述べられる。ゾンビ化によって意味が失われ、意味がないからこそ、無際限に法外な価値をつけることが可能となる。これは椹木の述べるアートの貨幣化に通ずる議論であろう。

熊倉の物言いは、極端な形をとっているが、それは、データ化され、ビット情報のみが流通する情報空間を、現実空間と同一視する、現代社会の趨勢とアートの趨勢を重ね合わせ、これを批判したものとも考えられる。

†人間中心主義批判

昨今、さまざまな意味で隆盛を極める文化人類学の影響を受けて、芸術学の分野でも唱えられているのが、人間中心主義批判だ。第一に、ヴィヴェイロス・デ・カストロの唱える多自然主義の影響があり、第二に、自然界のすべてのものを世界の中の演じ手とみなす、ブルーノ・ラトゥールが提唱したアクター・ネットワーク理論の影響がある。これらは、しかし自然界のさまざまな構成要素を取り込んだとしても、あまりに異質で、ネットワークの全体を記述できないといった、否定的ニュアンスの強い理論である。ネットワークに流れるものを情報のように一元化するような、数理的に理解される多くのネットワークモデルとは、異なる世界観である。

美術評論の山本浩貴は、さらに、思弁的実在論における相関主義批判と人新世危機を援用し、人間中心主義批判を展開する。相関主義批判はカンタン・メイヤスーにおいて最も明確である。元々、裸の物体などというものはあるはずもなく、認識される「物体」とは、人間の認知と事物との相互作用の結果、現象として立ち現れるものだ。

結果的に、人間が知覚する世界は、人間からみた「認知世界」という事になる。そのように認知を現象として捉える哲学が、エトムント・フッサールの現象学である。そこで、この認知世界は志向世界と呼ばれる。それは、世界のすべてが、観測する人間と相関する形で存在することを意味する。実はギリシャ哲学、プラトニズム以来、ヨーロッパの哲学は、人間からみた現在における存在（現前と呼ばれる）を問題にしてきたため、現象学にとどまらず、人間中心主義になっている。メイヤスーは特にカント以降の哲学を、相関主義と称して批判する。

人間と相関を持った世界、志向世界の外部にこそ、「もの自体」が存在するはずだ。外部に目を向けよ。それが思弁的実在論の主張の骨子である。しかし、外部は文字通り積極的に知覚不可能であり、そこにあるものを一つひとつ挙げていくことなどできない。外部は、相関主義的世界内部に現れる矛盾として垣間見られるだけだ。積極的に知ることのできない外部の上で、我々の志向世界は、いつ破綻するかも知れぬ危険に晒されながら浮いている。

他方、人新世とは、人間が生きた時代を特徴づける、仮想的な地質年代を意味する言葉だ。種族として生存期間の短い生物は、何億年にもわたる地質年代の中で明瞭な時刻を刻むことができる。恐竜の時代のジュラ紀などがその一例だ。自然環境を破壊し尽くし絶滅した後の人間の時代は、そのような時刻を特徴づけるに違いない。人間の時代の呼称が、人新世である。

つまり人新世とは、欲望の赴くまま環境破壊を続け、それによって助長される温暖化のために滅亡するであろう、「人類の危機」を示唆する言葉として用いられる。だから人新世後のアートと言えば、人間のいなくなった後のアートを問題にすることになる。私は、この手の終末論にだけ固執する人たちは、いずれ死んでいく我が身をどう思っているのかと常々思っている。同時に私は、死を考えない芸術などあり得ないと考えているので、人新世が、死を思うきっかけにはなるかもしれない点は、期待している。

山本は『ポスト人新世の芸術』(二〇二二年)という著作で、しかし人間のいない世界のアートを問題にするわけではない。相関主義は、人間を観測者として世界の基底に置かないことで批判できるだろう。ならば同様に、人間のみを鑑賞者として特権化するアートを批判し、人間中心主義ではないアートを構築できるのではないか。それが主旨である。

したがって、ここでもまた、批判されるのは記号化可能なアートである。相関主義は、人間を世界の基底に据え、人間を経由した情報のやり取りのネットワークを構成することになる。唯一の鑑賞者＝評価者としての人間は無根拠にただ設定されるため、客観的にそこで発せられる意味を、根拠づけることはできない。だから、ネットワークを流れる情報は本質的に、意味を持たない、単なる流れとなる。作品は——いや作品にとどまらずすべての存在は——ネットワーク上の意味を失った点、情報の流れる点となる。それはネットワークから出発して帰結される、記号としての作品だ。この意味で、山本の批判もまた、記号としてのアートを結果的に批判することになる。

では、ある意味でのアートの死を見出した後、芸術は再生できるのだろうか。そのために次節では、芸術と哲学の関係を見出すことになる。

3　現代思想は芸術を救うのか

†自然を取り込むことは可能なのか

本章で取り上げた椹木、熊倉、山本は、いずれも現代アートにおけるある種の行き詰まりを指摘し、反アート、新たなアートを興そうと試みる。そのいずれもが、「自然」を志向する。とはいっても、荒々しい野生の、大自然ではなく、人間が簡単に制御できない、と感じるもの一般である。その限りで、自然は、日常の至る所に発見することができる。

山本は人間中心主義批判の文脈で、人間以外の鑑賞者を取り込む芸術の可能性を指摘する。それはしかし、困難な試みではないのか。人間中心主義を思弁的実在論に依拠して構想するなら、思弁的実在論が外部を否定的ニュアンスでしか語り得ないように、人間世界外部についても否定的にしか語り得ない。その意味で、動物や植物、鉱物までをも鑑賞者とすることは、成立しない。積極的に取り入れられる「動物」や「植物」、「鉱物」は、もはや人間中心主義の中で現れた自然に過ぎないからだ。外部は、何を取り込むか指定して取り込むことはできない。本書で繰り返すように、外部は、召喚するしかなく、その賭けに出るしかないのである。

熊倉の自然は、最終的に「わたし」の身体へと向かう。その身体は、世界の現実性と、抽象的で理念的な存在にさえ思える「わたし」を媒介してくれる、便利な道具ではない。外部を引き受けるための容器として構想される。つまり身体は、徹底して「わたし」を脱色し、無化し、外部を召喚する穴となるわけだ。瞑想によって実現される「わたし」の無化が、熊倉にとって新たな芸術の重要なメタファーとなっている。

この無化を自然一般に適用してやることが、自然を取り込むことになる。自然は日常生活の中に溢れている。しかし、私がただ見ている山は、無化されず人間から見た山にとどまり続ける。私が食べた鯖の干物は人間からみた鯖の干物にとどまり続ける。無化を通して初めて、いわば、人間中心主義の外部へアクセスすることができる。

椹木もまた、なぜか山に行きたくなると言って、自然への回帰を唱えるが、もちろんそれは、単純な自然礼讃ではない。山を見て、人間から見た山にとどまらず、「山それ自体」へ到達するために、椹木は、マルティン・ハイデガーの「隠れなさ」という概念を援用する。

山の「隠れなさ」とは、山の、隠れることのできない、山がそこにある、ということ、「存在する山」なる性質と言えるだろう。椹木は、これを、「山がないのではなく、ある」という迂回を通して辿り着ける、存在に対する根源的な驚きである、と唱える。

ハイデガーは、プラトンに由来するヨーロッパに伝統的な事物のあり方、プラトニズムを批判する。プラトニズムは結局のところ、意識に依存し、人間の認識に依存してしまう。これを超えて存在そのものに迫ろうとすることがハイデガーの目的だった。その中でハイデガーは、人間の認識に基礎付けられたもののあり方を超えた「ものそれ自体」の性格を、「隠れなさ」と言っている。もちろん直接の関係はないが、ハイデガーの「隠れなさ」を、相関主義批判の果てに「もの自体」へと到達する、思弁的実在論に極めて似た主張だと解釈することも、あるいは可能かもしれない。いや無理か。

結局、「もの自体」「山それ自体」へ至るため、その脱色、無化を経由した外部の召喚が必要となる。つまり、「完全な不完全体」が鍵となる。

†現代思想における脱構築

本章の冒頭、私は、哲学や科学が、構造の解体、いわゆる脱構築に辿り着いた後、「個物化＝作品化」という問題の前で、立ち尽くしている、と述べた。それがどのようなことなのか述べることで、哲学と芸術の違いを明らかにし、既存の哲学を援用した芸術が、あまりうまくはいかないことを示そう。

現代思想とは、構造主義より後の、構造からの逸脱や逃走に、思想の根幹を求める哲学思想で、ポスト構造主義と呼ばれる。構造主義は、言語や文化人類学的現象の根底に、ある種の数学的構造を認める原理主義で、クロード・レヴィ＝ストロースや、フェルディナン・ド・ソシュールによって提唱された。根底にある原理的なものを発見するという手法は科学の手法であり、概念構築の基盤を与えるものであるから、理論の王道をいくものである。

しかしポスト構造主義は、構造というものの盤石さを疑い、それに根底から揺さぶりをかける。ジル・ドゥルーズは、二項対立的なものを際立たせる構造を認めると同時に、その根拠を覆すことで、外部を浮かび上がらせる。さまざまな議論を展開してはいるが、基本は同じだ。その中でも、面白いものにサドとマゾの議論がある。

サディストとは人を虐めることに快感を覚える者のことで、マゾヒストとは逆に虐められることに快感を感じる者のことだ。一見、両者はコインの表裏のような関係で、本質は同じに思える。しかし、ドゥルーズは、両者に本質的違いを認める。サディストは、「加虐・被虐」関係を主導し、相手に押し付ける者であるから、「加虐・被虐」制度が安定であることを前提にしている。対してマゾヒストは、虐められたいものの、当の相手が「虐めるなど、ごめんだ」と言ってしまえば、それを受け入れるしかない不安定さの中にいる。

つまりサディストは、「加虐・被虐」という二項対立の前提を疑わず、制度を外から考えることのできない者だが、マゾヒストは、「加虐・被虐」という二項対立が、覆される可能性さえあり、ふらふらと移ろいゆくように宙吊りになっていることを知っている者だ、ということになる。この意味で、マゾヒストこそ、構造の外部を知っていることになる。

現代思想における構造の解体（脱構築）とは、このような論法をとっている。

千葉雅也は『現代思想入門』（二〇二二年）において、現代思想の方法を、二項対立の盤石さを脅かす新たな他者（外部）の発見としてまとめている。また千葉の著作『動きすぎてはいけない』（二〇一三年）では、二項対立的構造から逸脱し、逃れすぎるとき、存在と想定された構造の否定へと至り、「存在しないこと」を存在とする転倒が起こると警告する。それは、新たな構造へと回収されることに他ならないからだ。

まさに千葉の論じるように、ポスト構造主義は、新たな他者、新たな外部を見つけることで議論を展開してきた。しかしその他者、外部が、本書で用いてきた外部と同じなのかというと、そうではない。現代思想は常に、それまで見つからなかった特定の傾向の不定性・逸脱を、他者として特徴づける。先のサディストとマゾヒストの例を思い出すなら、自らが受け入れる「加虐・被虐」の制度が、サディストの気まぐれで破綻するという不安定性こそ、二項対立の他者である。つまりそれはマゾヒストからみたサディストの他者性ということになる。そこには、不定さを纏った（マゾヒストとサディストから成る）社会が想定される。

本書で用いてきた外部は、あらかじめ何がやってくるのか、その片鱗も想定できない徹底した外部である。だから、むしろポスト・ポスト構造主義と呼ぶべき、思弁的実在論が構想する外部に親和的だ。そしてその外部へ至る方法は、むしろフリードリヒ・ニーチェの超人へ至る方法に、その先駆を見ることができるだろう。

では芸術の死を宣言し、新たな芸術を構築しようというとき、ポスト構造主義や思弁的実在論は、どのような役割を果たせるというのだろうか。

†外部を感じる者・感じない者

ポスト構造主義は芸術作品の制作に寄与するだろうか。それは哲学をどのように使うかに依存するが、それは作家が、外部を感じているか否かに大きく依存するだろう。もちろん、構造の解体が、思考の基盤を失わせ、何でもありにしてしまった、という批判は当たらない。頼るべき不変な構造など、どこにもないのだから。我々は、世界の不定性を直視した上で、思考し、決断し、制作するしかないのである。

ただし、そのためには、解体された構造をどのように使うか、という、言語化された思想と、それを用いる現実とをどのように重ねながら、区別するかという、現実における振る舞い方が重要になる。この振る舞い方については、ポスト構造主義の哲学書の中に書かれていない。千葉自身はそれをよく理解し『現代思想入門』の中で注意を促している。

ところが、哲学は、（外部を感じない者にとって）世界を記述し切っているように見えてしまう。哲学では、他者は窺い知れない外部ではなく、不定さを纏わせながら、世界の構成要素として描かれているからだ。哲学は、他者を導入した上で世界を語り尽くす。だから、むしろ芸術において哲学を積極的に使おうとすると、世界と哲学をピッタリと一致させてしまい、制作それ自体とポスト構造主義とをピッタリと一致させてしまうことになる。

そうなると何が帰結されるか。構造としての作品は「完全」であったが、ポスト構造主義に基礎付けられた作品は、「不完全」でなくてはならない、といった誤解が生じるだろう。それは決して完成しない作品、永遠に途上にあることによって現代思想的作品となることが謳われることになる。

永遠に途上にあることのもう一つの実現形式は、完全に完成したと当面は考えることができるが、常に変更に開かれていることを主張することである。これはまさに、前述の、「部屋の中の椅子は全員が座っていて、不完全さはないものの、誰か新しい人が来るのなら、新たな椅子を用意する」という謳い文句に一致する態度である。それはスミッソンやラウシェンバーグの態度と大きく異なるものだ。

作家は完成させる。科学者の多くは、科学の制度において実験の完了やモデルの完成を基礎付けられ、それに従って完了する。どうすれば結果が出たことになり、論文としてまとめられるか、決められている。つまり「完成」は、制度に従うことで実現される。対して、作家は、自分の責任において制作の完了や完成を決定する。それは途中で「やめる」のではなく、完成させるのである。だから、作家は、途上で良しとする哲学があるというなら、それには違和感を持つだろう。そうならその哲学は、作品となること、一個の作品として個物化することを、何も語れないからだ。ポスト構造主義が制作過程に一致したような制作は、芸術家の感覚とかけ離れたものとなる。

では、思弁的実在論は制作に役立つだろうか。こちらは、その指摘だけなら、「徹底した外部が存在する」と宣言するだけで、その外部にどのように対処したらいいのかは、論じられることがない。だから、こちらでも、もし制作の現場（＝制作で開かれる「世界」）と（「世界」の記述と想定される）哲学とを一致させられると信じる者は、制作の現場に外部があると指摘されるだけで、そこに立ち尽くすしかなくなる。

『ポスト人新世の芸術』で山本は、まさに「完成しない作品」を脱人間中心主義的芸術の可能性として擁護するが、そこには試論としての躊躇があり、同時に芸術には、科学が解いてしまった魔術をもう一度かける再魔術化の必要性があると論じている。もちろん科学技術に依存した現代社会を否定し、科学を否定するわけではないが、ならば逆に、再魔術化を、我々は、この現代において構想できるのだろうか。いや、ここにこそ、「完全な不完全体」の意義がある。再魔術化は「完全な不完全体」によって初めて意味を持つ。

4　完全な不完全体が担う作家性・当事者性・「わたし」

†「完全な不完全体」の射程

本章では、まず芸術と科学が同じものなのかを問うた。最終的に、科学は「完全体」として、その都度、理論やモデルを提出するが、芸術は「完全な不完全体」を作品として掲げるものではないか、という見解を得るに至った。それは科学と芸術の決定的違いに思える。

芸術に死を宣告し、新たな芸術を模索するとき、人間中心主義の外部へ至ることが必要になる。もちろん、人間と相関を持って立ち現れる「もの」の外部へは、そう易々と到達できない。安易に人間外部の自然を取り込もうとすると、逆に、人間中心主義に無自覚に回収されることになる。

何が必要なのか。まさに外部にアクセスすること、外部を召喚することであるのだが、既存の方法は多くの場合、個別的で、場当たり的で、私秘的である。それを超えた普遍的な展開こそが、天然表現なのである。つまり、天然表現は、単に私の「はじまりのアート」ではなく、現代アートが求める芸術の指針、アートの死を乗り越え、人間中心主義の外部を召喚する方法論を拓くものと考えられる。

天然表現において、「完全な不完全体」は、まず二項対立を見出し、その肯定的矛盾と否定的矛盾を共立させることで、仮に構想された二項対立の基盤に亀裂・穴を穿《うが》つことになる。こうして得られた装置こそが、作品である。外部はこの亀裂・穴を目掛けてやってくる。

亀裂・穴は、メタファー的な意味で、現実に穴として認識できるよう制作されることもあるが、それは稀なことだ。亀裂・穴は、二項対立が想定される抽象的な空間に、肯定的矛盾と否定的矛盾が作り出す、極限的緊張関係の果てに出現する。そこで生じる亀裂・穴が、完璧なものだからこそ、外部を召喚することができる。作家は外部から何かがやってくることで、まるで穴が外部の何かに補完され、埋められたかのような生成の現場に立ち会い、「できた」を感得することになる。

亀裂・穴によって不完全なのであり、亀裂・穴が外部を召喚する程度の完璧さによって、その不完全さは完全なものでなければならないのである。しかし、それは芸術の現場では、意識されてきたことではないのか。スミッソンやラウシェンバーグの言葉はそれを裏付けるものだ。もちろんすべての作家がそうというわけではない。だから未完成であることが生成する作品だ、などと言われることになる。

「科学によって魔術が消えた」というとき、それは「完全な知識によって、無知（不完全な知識）に基礎付けられた魔術的なものが解消された」ことを意味してしまう。そうであるなら、再魔術化は、完全・不完全の二項対立の中で、不完全に肩入れすること、科学や知識を捨てること、だけを意味する。

これに対して、外部を消し去って説明し尽くすことを非魔術とするなら、魔術とは外部を担保し、これと積極的に関わること（召喚すること）で可能となる。再魔術化は、「完全な不完全体」によってこそ、実現できるのである。

完全な不完全体は、もちろん芸術作品や、制作の現場の問題にとどまらない。それは新たに世界を更新する方法であり、外部に開かれた存在に関する普遍的モデルである。天然表現に先立つ私の著作『天然知能』は、むしろそのために構想された。

前述したように、脳科学・人工知能研究の領域において、意識は、神経系上位からもたらされるトップダウン的な意思決定情報と、神経系下位のセンサーから送られる感覚情報のボトムアップ的な判断情報の両者によって表されると考えられている。トップダウンとボトムアップの両方向の判断は、齟齬をきたしながらも調停され、最終的にシステム外部に出力される。

しかしこのような情報のネットワークには、当事者としての「わたし」がどこにもいない。いや逆に、「わたし」は科学的記述によって蒸発してしまうのだろうか。この問題は、実は、完全な不完全体の問題なのである。これを、ジョルジョ・アガンベンの「作者」の議論を補助線として、最後に論じよう。

†アガンベンの論じる作家性

ミシェル・フーコーは、サミュエル・ベケットの戯曲から「誰が話そうとかまわないではないか。誰かが言ったのだ。誰が話そうとかまわないではないか」を引用し、「作家とは何か」を論じた。それは、「話した後、発話自体から発話者は完全に消滅してしまうのか」という問いであり、その延長線上にある、「作者は、作品を完成させたのち、作品自体から完全に消えるのか」という問いを論じるものだ。

作品から作家が消える、という主張は、絵画は所詮、絵の具を塗りたくった物体に過ぎない、という主張に通じるもので、作品が完成した途端に、その周囲から切り離され、意味を失うという主張につながる。だから、実は「作品から作家が消える」という主張は、芸術の死という主張に通じている。

フーコーは発話者が消滅しながら、誰かが発話したという二重性に焦点を合わせ、実在する個人としての作者と、作者という機能とを対置させる。ここから作家を、社会の中で制作物（虚構）を自由に流通、解体、再構築させない原理と定義する。しかし、ここには、個人としての作家は、作品に刻印されているのか、という問題が残っている。フーコーはこの点に関して、「書き手の痕跡は彼の不在の単独性のなかにのみある」とだけ述べる。

作家性がどのように擁護されるか。アガンベンはこの問題の鍵が「不在の単独性」にあると考え、フーコーの論考「汚辱に塗れた人々の生」（一九七七年）の中で論じられた、犯罪者の「収監誓願承認文書」に関する議論を取り上げる。フーコーは、権力の光を浴びることがなかったら、決して名前を残すことなどなかった人々が、まさに権力と出会うことで名を残すことに、ある種の文学を見出す。個人の生が、権力によって照射され一瞬きらめくと共に、断罪を超えて、（罪人としてではない）もう一つの生、もう一つの歴史の痕跡が現れる、そう述べる。アガンベンはその点を取り出して、議論する。

もちろん、その個人の生が、そのような文書に書かれているわけではない。むしろ書かれていないこと（不在）によって、罪状などでは特徴づけられない（単独性を有する）その人の生が「やってくる」のである。ここからアガンベンは、件の文書を作品へと広げ、「身振りとしての作者」を構想する。身振りとは、「表現行為において、表現されないままにとどまっているもの」と定義される。その上で、「作者は、表現の中に中心的な空虚をつくるその度合いに応じて表現を可能とする、一つの身振りにおいて現在する」と述べる。

つまりアガンベンは、「完全な不完全体」の意味で作品を考えている。空虚とは、本書で、穴や亀裂と言ってきたものであり、作家は、その空虚をうまくつくることで、そこへ召喚されるものに賭けるしかない。この賭けのため、作家は、作品の中に表現されないままとどまる。その不在によって逆に、作家性が解消不可能性として証明される。

アガンベンは、確かに、作品において作家性が完全に消え去り、作品は完全なものとなる、などという見解は持っていない。完全どころか作品は空虚を持ち、鑑賞者はむしろ作品から無限に遠ざかることで、作品の空虚を実体化し、作品の鑑賞を実現することになる、と述べている。

しかし、「完全な不完全体」の意味は明確には明らかにされず、作家性についても、「身振り=表現されないままにとどまっているもの」が作者だと言っているだけだ。それは、ベケットの「誰かが言ったのだ」の変奏に過ぎない。作家は表現の中で不在だからこそ、「誰かわからないが、言ったものがいる」という形で作家を逆に浮かび上がらせる。それ以上のものではない。これに対して天然表現は、より明確に、作家性、当事者性を論じられる。

†完全な不完全体における作家性

作家性の問題を、収監誓願承認文書から考えるとは、さすがにフーコーやアガンベンはいい感覚をしていると思う。そこで天然表現の観点から、「収監誓願承認文書に個人が一瞬、きらめく」の意味を考えてみよう。文書には確かに、その罪を犯したとする個人について、罪状に関与する記述以外、記されていない。しかし、通常の人間はそれを「不在」とはみなさないだろう。その場合、収監誓願承認文書は収監誓願承認文書で完結し、そこに個人がきらめくことなどあり得ない。

「収監誓願承認文書に個人が一瞬、きらめく」は、書かれていない個人の物語を想定してしまう人――フーコーやアガンベンはもちろんそういう人たちだ――においてのみ立ち現れる。つまり、そのような人は、「個人の物語」という個人の概要的な記述と、「その個人の極めて鮮烈な行動＝犯罪」という強烈な断片の二重性において、収監誓願承認文書を見ている。しかし、個人の概要など、ここでは原理的にわからず、概要と断片（犯罪）を整合させ、個人を理解しようという暗黙の試みは破綻する。この試みにおいて、概要と断片は、全体と部分に対比させられる二項対立をなし、両者を整合させようとすること自体は、その両者を結びつけ、肯定的矛盾をもたらすことになる。

そこには、収監誓願承認以上の情報がない以上、概要と断片を整合させようとする試みは不可能であり、その不可能性の証明が、両者を諦めるという形で実現される。しかし、概要と断片を諦めるとは、その個人の理解を諦めることではない。ここで初めて、概要という形でも断片という形でも不可能ではあるが、理解を諦められない個人の、「不在」が実装される。不在は、その個人に関して想定してこなかった何かで埋められようとする。それは、不在が単なる虚無ではなく、「不在」すなわち、あるべきだが今はない、だからである。

もちろん、常に首尾よく何かがやってきて、「個人が一瞬、きらめく」とは限らない。それは賭けなのである。しかし、確かに理解しようとした、収監誓願承認文書の記録を担う個人、としか思えないものが召喚される。もちろんそれは、その個人自体が召喚されたわけではない。しかし、「わたし」が収監誓願承認文書を見て、その「わたし」がそこで指示される個人を思いながら召喚されたものは、「わたし」を当事者として実現され、まさに「わたし」においてのみ「一瞬、きらめいた」のである。それは、「わたし」における、収監誓願承認文書の個人、その人に違いない。それこそが、不在の単独性と呼んでいいものだろう。

アガンベンは「表現されないままにとどまっているもの」として作者がいる、というが、それは正確ではない。作者は表現されていないが、それだけではなく、不在として構想される。明確に不在となり、椅子が用意されたとき、「やってくる」のである。だから、とどまってはいない。そして作者はやってくることによって、痕跡を残した何者かとして措定される。

収監誓願承認文書のメタファーをそのまま作品に適用するとき、作家性、当事者性が明らかとなるだろう。

†作品の制作・鑑賞の当事者性と「わたし」の当事者性

作品において、収監誓願承認文書に概要的物語と断片を見出したような両義性が、仕組まれることになる。これは一般的に成立する。

作品は外見上、ある全体を持っている。小説や詩はテキストを読み終えることができるという意味で全体を持ち、絵画や彫刻はもちろん、インスタレーション作品も展示会場が無限でないという意味で、全体を有している。音楽も例外ではない。もちろん外見上の全体と、作家自身や鑑賞者が認識する全体は異なるだろう。後者はその人の経験やそれを認識するそのときの文脈に依存して、各々決定されるからだ。

作品には、全体を成す部分、顕著な断片が分布している。その顕著な断片も、どこに注目するかは、作家、鑑賞者、各々において異なるだろう。

つまり作家や鑑賞者は、作品を前にして、「イメージされる全体」と「選択された断片」の対を見出すことになる。作家は、両者を完璧に整合するようには作らない。両者の間に齟齬があり、しかしその齟齬は単なる違和感にとどまらず、そこに「不在」を見出せるようなものとして構想され、制作されている。だから、制作者自身はそこに表されていないし、いない形でとどまってもいない。

作家は、「不在」ができたかどうかを慎重に見極める。単なる穴や亀裂ではなく、「イメージされる全体」と「選択された断片」とを接続しようとする試みが進められる。同時に、表現されたものからイメージされる全体や、選択された断片だけからは、いかに頑張っても接続は不可能だという感覚が、作家においてもたらされる。こうして、全体と断片は接続を欲しながら、表現されているものだけでの接続は、不可能だと了解される。接続を実現することは、諦められることになる。「接続」が肯定的矛盾で、「諦め」が否定的矛盾であることは明らかだ。ここに「不在」が形成され、「完成」がやってくる。

鑑賞者もまた、穴や亀裂を見出しながら、そこに「不在」を見出す者たちだ。だからこそ、そこに鑑賞者なりの作品に対する「理解」がやってくる。不在を作り出し、「完成」や「理解」として作品が体験されるわけだ。

はたして、作品とは体験である。作家における「できた」という体験、鑑賞者における「わかった」という体験が、作品なのである。そしてその体験は、「完全な不完全体」だからこそ可能となる。この体験の実現において、作品の当事者性がある。作品の当事者性として、作家が召喚される。作家性は、名前や現実に存在する個人を指し示すものとして現れるのではなく、当事者性として現れるのだ。

脳の神経回路網に現れる当事者性こそ「わたし」である。脳は感覚器官から上位構造へともたらされるボトムアップな情報の流れと、前頭葉のような上位構造から下位構造へのトップダウンの情報の流れがあり、両者の齟齬と調停が進行していることを理解できる。その調停は、ボトムアップとトップダウンという本来共立不可能な二項対立的要素の共立、すなわち肯定的矛盾を意味するものだ。

ところが脳が意思決定しようとするもの、外部に向かって「出力」しようとするものは、トップダウンの判断にも、ボトムアップの判断にも望めない。どちらもそのままでは役に立たず、「何かがない」という意味での「不在」が形成される。これがボトムアップとトップダウンに関する否定的矛盾である。はたして「不在」を埋めるように、その時点での外部の「ゆらぎ」がやってくる。それが脳という物理的システムが実現する当事者性、「わたし」となるだろう。芸術作品が、当事者性として「作品」を実現するように、神経回路網は当事者性として「わたし」を立ち上げる。いずれも「完全な不完全体」の射程なのである。

第7章

痕跡候補資格者

京橋での中村恭子との二人展『立ち尽くす前縁・立ち尽くされた境界』から一年、私に再び展示の機会が訪れた。福岡県大牟田市で、私もその立ち上げに参加した「共創学会」の年次大会があり、その年は、作品の展示も可能だという。

中村が自分の研究室と私の研究室の学生のために、展示の機会を求め、それが実現したのである。それに合わせて、私も展示すべきだと言われ、展示することに決めた。学会というのは、大学や企業の研究者が自分の専門に合わせて所属し、年一回ほど開かれる総会に参加し、自ら講演し他の講演を聴講することで最新の研究動向に触れる場所だ。そこで作品の展示をするというのは、極めて異例のことである。

大牟田での展示の二カ月後、京橋のギャラリー、アートスペースキムラ ASK? で再び二人展をすることが予定されていた。そのため大牟田での展示は、そのパイロット版として、様子をみる機会として意義のあるものだった。中村がギャラリーキムラの専属作家であることは前述したが、中村の新作が揃ったことで、またギャラリーのオーナー木邑は展覧会を企画したのである。

今度もまた地下室は空いており、私は、「一緒に二人展をしないか」と中村から声をかけられていたのだ。実は私は、展示の可能性などまったくなくとも、常に、月に三度ほど、誰もいない実家に出かけては三、四日を過ごし、「作品」を制作し続けていたのである。

意味などない。ただ創作する。誰とも話もせず、自炊するか、昔から馴染みの蕎麦屋で食事をする以外、家の中で段ボールをむしり、新たな作品を制作していた。「作品」は人知れず制作され続け、実家の二階を占拠して増殖し続けていた。

1　今世紀最大の無名の画家

†書き割り少女

いくら地下が空いているとはいえ、日本画家と私の映像や段ボールを並べた展示を一緒にするというのは、普通に考えると無理がある。しかし前述のように、作品のテーマの立ち上げ方において、中村のやり方は私と同じだった。それは「完全な不完全体」において同じだったのである。

今回の中村の展示の一つは、四幅の表装された連作、『書き割り少女』だった（図7-1）。琳派のフラットな山並みを「書き割り」と指摘し議論して以来、中村は向こう側から何かがもたらされる気配を漂わせた「書き割り」の山の絵を描いていた。

今回は、山ではなく人間である。書き割りのようにペラッペラの少女、それを評して書き割り少女、なのである。通常、薄い板や紙のようにペラッペラと言われれば、それは悪口でしかない。ところが中村の言う意味は、まさに琳派の「書き割りの山」が認識できない外部を示唆し、むしろ奥深いように、「書き割りの少女」は何もないからこそ、何かをしでかす潜在性を感じさせる意味で奥深い、ということなのである。

何かをうまく説明するように語り、いわゆる意識高い系の人ほど、流行に振り回されるだけで、創造的なことは何もできない。むしろ目に見える（＝認識できる）情報で自分を満たすことをせず、空っぽの器のように見える人間こそ、目に見えない「何か」に対する感度が研ぎ澄まされ、空っぽの器に、見えない「外部」を受けとめることができる。創造的であるとはそういうことではないのか。それが、『書き割り少女』のテーマなのである。

この「書き割りの少女」のモチーフを、さまざまな題材を絡め、練り上げて絵に仕上げるのが中村の手法である。今でこそ、その場所は観光地化され有名になったが、アルゼンチン南部の辺境の地、ティエラ・デル・フエゴと呼ばれる一群の島周辺に住んでいた、今は失われた民族セルクナム。裸でさまざまにボディペインティングを施す成人の儀式は、モノクロの写真集となって残されており、その中にただ一枚、三角のマスクから垂れ下がるマントのようなものを頭から被り、後ろ向きで立つ少女の写真がある。中村は、タヌと呼ばれるその少女＝聖霊を、書き割り少女の主たるイメージとし、さらにこれを、ヨーロッパや東南アジアの織物のデザインが描かれた緞帳の前に立たせる。そこには、幼い少女を緞帳の前に座らせ春を待つスペインの祭りが重ねられているという。それをいわゆる超絶技巧で精密に描ききる。

こうして『書き割り少女』は、緞帳と少女自体が共に「書き割り」であるという書き割りのダブル・イメージによって、これを見る鑑賞者に、「外部を待つ者こそ、外部を受け入れる者である」というメッセージを感じさせる。書き割り少女の凄さはこれだけではな

図7-1　『書き割り少女』部分（2020-21年、写真提供：中村恭子）

図7－2　『書き割り少女』（2020-21年、写真提供：中村恭子）

い。中村の日本画は今では珍しく表具され、巻物になっているのだが、この表装をいつも手がける表具師の勝村真光によって、日本画の周囲の表具の布が、まるで日本画と一体化したように構想されているのである。四幅の書き割り少女の各々のマントの色と緞帳の色合いに合わせて、絵自体を取り巻く織物の色やデザインが選ばれている（図7－2）。

表装されて吊り下げられた四幅の絵自体が、絵画とその周囲という異質なものを同化させつつ、そのどちらでもない異界への扉として、鑑賞者に迫ってくる。書き割りのような少女が外部を待つように、『書き割り少女』を鑑賞する私たちも、少女のように外部と対峙する体験を持つことになる。

†書き割り少女と世界拒否

流行やわかりやすい情報をむしろカットし、外部を受け取る瞬間をひたすら待つ。創造とはそういうことだ。だとすると、書き割り少女とはむしろ、中村自身のことではないか。

博士課程を終えたばかりの頃の中村は、自らの世界に対する立ち位置、世界に対する態度を「世界拒否」と称していた。ネット社会が急速に進み、デジタル主導のメディアアートが台頭してきたこの時期、科学技術は、生活の至るところに浸透し始めていた。科学者や技術者にかかわらず、多くの人が、科学的、論理的に考えることに慣れ、世界から「外部」を排除し尽くすことこそ、理解であると考えるようになった。

多くの人たちは、むしろ世界とは操作可能で、記述可能なものだけで構成されると信じている。対象も、世界も、作品も、完全体だ。だから、互いに自らの世界観を披露し、議論し、どれが新たな世界のイメージ＝作品となるか、語り合うことで決着をつけるべきだと信じている。

そのような中にあって、「世界拒否」と言おうものなら、議論を拒否し、対話によるコミュニケーションという現代世界では最も健全なあり方と信じられているものを拒否する不埒《ふらち》な輩として、あらゆる分野、いや、一般の友人にさえ糾弾されたらしい。「何が世界拒否だ、偉そうに」というわけだ。

中村の言う「世界拒否」とは、他者や自分の知らないものを拒否し否定するものではなく、わかりやすい言葉や情報によってのみ構成された、括弧付きの世界の拒否である。まさに書き割り少女のように、情報に振り回されることなく、自分を空の器にして外部を待つという態度の表明が「世界拒否」なのである。いや、多くの人は、「そう言われればわかる。もっと丁寧に説明しろ」と言うかもしれない。

私は本当かなと思う。ほとんどの人間は「世界拒否」などできない。空っぽになって外部を待つという賭けに出られる者は、創造の悦楽に一度でも触れたものか、自らを顧みない暴力的な若さをもつ者だけだ。

普通の人間は、学者であろうとなんだろうと、意味が共有されたと互いに信じている言葉だけで世界を作り、そのような特定の言葉の世界を専門領域として、その中に安住することになる。いや安住しているにもかかわらず、創造していると言うだろう。第1章のマーガレット・ボーデンの議論のように、単なる組み合わせも、既存の世界の外部を引っ掛けており、創造たり得るのだから。

しかし、その新たな組み合わせ、詩人が新たな言葉の配列を見つけるような創造は、猿がタイプライターを打ち続けて、試行錯誤の末、奇跡的に見つけるものではない。そんなことをしていたら一生かかっても見つからないだろうし、見つけたところで、創造の喜びはない。詩人もまた「世界拒否」をし、「賭け」に出ている。だからこそ、新たな言葉が、発見の悦楽を持って見つかる。多くの人間は、決して詩人になれない。賭けに出ることなく、言葉の組み合わせの世界で反復するだけだ。

†ピロスマニと書き割り少女

書き割り少女のイメージをもう少し深めるため、ジョージアの画家、ニコ・ピロスマニを紹介しよう。ピロスマニは、居酒屋やレストランに飾る絵を描いては、その店でワインを飲みながらの食事を提供され、それで生活をしていた、一九紀末から二〇世紀初頭の画家である。その画風は素朴派と呼ばれるもので、一見子どもの描いたようにも見えるが、黒を基調とした背景と、テーマとなる人やジョージアの風俗、動物たちのコントラストは、子どもの考案するものではない。

ピロスマニは死後、ジョージアのお札にまでなったものの、その人生は恵まれたものではなかった。その経緯は、画面自体がピロスマニの絵画のような映画作品『放浪の画家ピロスマニ』(一九六九年)で、詳細に描かれている。絵によって食事とベッドだけを得ていたピロスマニのもとへ、ある日ロシア中央の画家が訪れ、彼の絵の素晴らしさを認めモスクワ行きをすすめる。彼の名は高まり、彼の絵は美術館にも飾られるようになるが、ピロスマニ自身、自分の絵のある部屋にみんなが集まり、食事とワインと絵を楽しんでくれるようになるのが、自分の夢だと語る。ただ、ロシアの美術界に馴染めずピロスマニは故郷へ帰ることになる。

ある日、新聞がピロスマニの絵を酷評する。彼は美術の正規の教育も受けておらず、その絵は幼稚な絵に過ぎないというのだ。ピロスマニの生活は激変する。誰も彼の絵を顧みなくなり、絵は居酒屋にさえ置いてもらえなくなる。ピロスマニは人の家の地下に掘られた部屋に住むことになる。

映画では、それは部屋と思しきものだったが、実際彼が住んでいた地下室の入り口を写真で見ると、まるで軒下に犬が掘った穴のようだった。ある日、疲れ果てて横になっているピロスマニの元に役人がやってくる。「何をしている」と問う役人に、ピロスマニは「これから死ぬところだ」と答える。それを聞いた役人が、「今日は復活祭だから、今日、死ぬのはダメだ」と言って、彼を馬車に乗せ、どこかへ連れて行く。そこで映画は終わる。実際その数日後、ピロスマニは亡くなったそうだ。

明らかにピロスマニもまた「世界拒否」の「書き割り少女」である。そんな彼を世間は毀誉褒貶で蹂躙《じゅうりん》し、死に追いやった。せっかく愉しみとして彼の絵に価値に見出していた田舎の人々に、「それじゃダメだ、美術作品の価値とは、我々がつけるものなのだ」と唱える専門家が、価値を決定し、ピロスマニを貶めた。

今なら美術品は美術市場で価値が決定され、流通し、これが成立しなければ、作家は生きていけないと言われる。これが美術界の制度である。ピロスマニはそれに馴染めなかった。中村もまた、これに抗い、決して自分の作品を売らない。なぜ売らないのか。作品が一般に公開されることなく、特定の人間に秘匿され、場合によっては投機の対象となって流れていく。それでは作品がかわいそうだ、というのである。

美術作家は、作品を売って初めてプロの作家だと考える一般の人間にとって、この中村の言い方は何を言っているのかさっぱりわからない。しかし、作品とは閉じた単位ではなく、「完全な不完全全体」であるという前章の議論や、ピロスマニの夢を重ね合わせるなら、それはとてもよくわかる。

作品は本来、金銭的価値で測られ市場に流通するものではない。作品は公共の場に保存され、多様な感じ方、次なる創作の種としての質的価値が、流通すればいい。中長期的に、そのような制度を立ち上げていくしかないだろう。もちろん、作家が生きていくために、現状では作品が売れなければならない。しかし、それでマーケットを制度化し、芸術家がその渦中に身を投じざるを得ないなら、それは芸術自身が自らの首を絞めることになる。

いかにして、公共の場で芸術を維持するか。これは、芸術を享受する一般の人間が各々、考えるべき問題だろう。

中村は、日本画家でありながら論文を書くことができた。美術を実践する者で文献を調べ、論考をまとめられる者はほとんどいない。論文のおかげで中村は大学に研究者として籍を置き、作品を売らなくても生活が成立している。だから、作品を売らないことで、相変わらず美術業界ではさほど知られていない。長野の美術界で大規模な新鋭作家の展示会を開催し、長野市で中村の展示もしたギャラリーオーナーの石川利江は、彼女を「今世紀最大の無名の画家」と評した。

ともあれ、中村は、日本画家や、現代芸術作家というカテゴリーで括れる作家ではなく、芸術の存在様式さえ問うている作家だと言える。

2 なんだか、わからないが、「できた」

†針金に苦闘し「穴」を見出す

そのような作家である中村と二人展をするのだから、展示をするなら「できた」と感じるものでなくてはならない。一年前、岩松の中のオオミミズを制作したとき、自分でも確かに「できた」という感じを持てた「作品」が、中村に評価されたのは励みになった。評価のために作ることはもちろんないが、それは自分における「完成」に確信を持てたという意味で、励みになる。

ところが実際、中村との二人展が話に出るずっと前から、私はすでに一人で作っていた。一年前の展示が終わると、私はすぐに段ボールの虫を段ボール箱に詰め込み、実家へと送った。つまり発送した翌日には、慌てて実家へ戻り、荷物を受け取ったということだ。実家の二階で箱を開け、段ボール虫を出してみる。私は、段ボールの虫たちを、立体的な地形の上に這わせてやりたかった。いや地形というより、もっと幾何学的な立体の表面を覆い尽くすように這わせたかった。

図7−3　最初の造形

物置を探して針金を見つけたものの、硬すぎて曲がらないか、細すぎてすぐにたわんでしまう。近所の金物屋へいくと、ビニールでコーティングされた太さ二ミリ、長さ六〇メートルの針金があった。これを二束買って、段ボール虫を這わせる骨組みを作ろうとした。しかし、これがうまくいかない。丸めて売られている針金は、真っ直ぐに伸ばそうとしてもいうことをきかないのである。

私はすぐに自分の思い違いに気づいた。造形しようとしている私、何かを作ろうとしている私に気づいた。それは端的に人間のすることだ。私は一年前の原点に戻ることにした。人であり虫であるものによる、人でも虫でもないものの痕跡をつくること、これである。

それは特別、意識することではない。しかし、今になって思えば、私は確かに虫のように針金を扱い始めた。紅葉樹の葉を俵形に丸めてその中に産卵する甲虫オトシブミは、葉脈をうまく利用して葉を折り畳みながら、最後に葉脈から切り離し、丸めた葉を地面に落下させる。まさに私は、そのように針金を扱っていた。針金の丸みに逆らわず、自分の体を載せて針金の進路を変え、交差させ、適当な大きさの円弧状の穴ができると、針金の交差点をビニールテープで固定する。針金を切断することはなく、足で抑え、体全体を使って大きく丸め、交差させてはテープで固定する。ひたすら、これを繰り返していった。

こうして、切断することなく、六〇メートルの針金は、何かの骨格のような、何かの巣のような、何かの軌跡のような、そういう構造物になった。私は、この構造物に段ボール虫を這わせるのではなく、段ボール虫を針金にとめていくことにした。

針金の骨格でできた「穴」、いやむしろ穴の輪郭のような骨格というべきか、その「穴」こそ、外部を召喚する不完全さの象徴である穴だ。これは塞いではいけない穴なのだ。だからこそ、針金に巻きつけるように、段ボール虫をとめていく。それもホチキスでバチバチとめていく。段ボール虫をとめる作業は、当初途方もないものに思えた。二、三時間作業しては休み、また始める。これを繰り返していると、いつの間にか図7－3に示すようなものが出来上がった。

持ち上げてみる。非常に軽い。片手で楽に持てる。これは結構いいんじゃないか。しかし、一体これはなんだ。自分でもわからない。確かに、人でも虫でもないものの痕跡ではある。それは予定した通りだった。

†九州へ上陸

そして、冒頭述べた福岡県大牟田市での展示である。会場は大牟田文化会館の会議室のようなところで、その一画をパーティションで区切り、畳二畳分ほどのスペースが私の展示場所となった。会議室全体は広い。窓際にはパーティションを並べ、ここと壁を利用した展示会場となっている。部屋全体は暗く、展示物に応じてスポットライトが照らされる。

そのような展示空間だ。

前述のように、実家で、針金六〇メートル分は作成してあったが、天井の低い民家と違って、公共の建物は思った以上に空間が大きい。そこで私は、実家で組み上げたものの二倍の大きさを作ろうと思っていた。といっても、現地で一から作り始めてはとても間に合わない。そこで、実家で作った分を段ボールに詰めて配送し、あと六〇メートル分を現地で作って、両者をつなげようと計画していた。

昼間のうち、完成しているものは展示会場へ運び込んだ。夕食を済ませると、残りの部品である、段ボール虫と針金をホテルの部屋へ運び込み、早速、針金を丸めた。実家では好きなペースで、数日かけて作業したことを思い出し、本当に間に合うのか気が気ではなかった。狭いビジネスホテルの部屋での作業は、効率も悪い。輪になってまとめられている針金を少しずつ伸ばして繰り出していく。繰り出され、体重をかけて伸ばされた針金を、円弧状に曲げ、二つの弧が交差する点をビニールテープでとめる。

作業はその繰り返しなのだが、まとめられた未使用の針金が暴れて制御不能となり、針金は不用意に交差し、ほつれてしまう。そのたびに、針金の交差を戻し、ほつれを直し、針金を、部屋全体を覆うようにまで伸ばす。こうしてなんとか骨格ができると、あとは、段ボール虫をホチキスでとめるばかりだ。もちろん、この単調な作業は、そう簡単に終わるものではない。

明日は、会場の鍵や、作品を吊るすピクチャー・チェーンを朝八時には受け取りに行かなくてならない。ようやく作業が終わったのは、深夜三時半だった。

朝、出来上がった「痕跡」を会場へと運ぶ。軽いので運ぶこと自体は容易い。会場で二つの痕跡をつなげ、都合、一二〇メートルの痕跡を狭い空間に置いてみる。しかし、やはり天井が高いこともあって、狭い場所にとりあえず置いた感が強い。

そこへ自分の掛け軸の展示を進めていた中村が来て、天井から吊ってみてはどうかという。また作業が増える面倒なことを言ってくれるわ、と思いながら、パーティションの上部に麻紐を渡し、そこからピクチャー・チェーンで作品を吊ることにした。

図7－4　『痕跡候補資格者』（九州ヴァージョン）

こうしてできたものを図7－4に示す。まるで虫のようだ。私は前もって、『痕跡候補資格者』という作品名を考えていた。それは痕跡自体ではない。出発点は、「人であり虫であるものが、人でも虫でもないものの痕跡を作る」であった。ならばそれは、痕跡ではないのか。いや、それは端的な痕跡ではない。痕跡となる資格を持った者なのである。展示の際、私の体が触れると『痕跡候補資格者』は微妙に動いた。床ギリギリに浮いているので動くのだ。そうか、これは動かすべきだ。そう思った。

ちなみに、候補資格者という言葉は、シャルル・フーリエの言葉である。ギャラリーキムラASK?での、中村との二人展のタイトルは、『フーリエの日々』だったのである。

†シャルル・フーリエと天然知能

シャルル・フーリエは、一八世紀後半に生まれ、一九世紀初頭に活躍した、今では「空想的社会主義者」と言われる思想家である。カール・マルクスの『資本論』が登場して以来、マルクスの社会主義を科学的社会主義とみなし、揶揄する意図を込めて、「空想的」と冠された。私が中学生の頃は歴史の教科書に載っていたものだが、今はどうなのだろう。

中村恭子はかねてよりシャルル・フーリエをモチーフに制作し、フーリエを芸術の中で再解釈しようとしていた。フーリエの『四運動の理論』や『愛の新世界』は、情念引力を基調として世界を理解しようと試みたものだが、思想的論考と戯曲やエッセイが陶然《とうぜん》と混じり合った独特の形式で書かれている。だからこそ、詩人アンドレ・ブルトンや、彼が主導した、シュルレアリスムの作家たちに敬愛され、引用されたのだろう。

しかし中村は、より具体的だ。フーリエは、社会主義が実現する先の理想世界で、人間が「アルシブラ」というマジックハンドのような情報端末のような尻尾を持つと予言していた。中村は、この「アルシブラ」を異質なものの寄せ木細工、いわば「完全な不完全体」として、カモノハシをモチーフに絵画化している。嘴《くちばし》、乳、卵、ひれ、毛皮を持つカモノハシ自体、寄せ木細工のようだが、さらにこれに蓮、孔雀の羽、仏虫という架空の虫が組み合わさり、「アルシブラ」を『カモノハス』として立ち上げている。カモノハスは、カモノハシとハスを合わせた造語である。

候補資格者という言葉をフーリエから引いたように、私もまた、フーリエは現代でこそ意義深い思想家だと感じている。ただし、フーリエの唱える情念は性欲と食欲であり、だからこそ彼の思想は破廉恥で馬鹿げていると思われがちだ。

フーリエは、「ニュートンの万有引力の法則に対して、自分は情念引力の法則を発見した」と宣言する。常識的には、比較の対象にすらならないと思われるだろう。しかし、私は、フーリエの「情念」を、もっと広い概念として捉えるべきだと考えている。「情念」を、論理的なもの、因果関係で物事を考える、我々のわかりやすい認識世界の外部、そのすべてと捉え直すのである。このとき初めて、万有引力と情念引力の対比が意味を持って立ち現れてくる。

私は人工知能に対して「天然知能」を提唱した。ここでの「人工知能」とは機械学習システムに限定される、いわゆる人工知能ではなく、「～であるなら、……となる」式の論理の連鎖でだけ「思考」や「計算」を考える思考様式一般のことだ。この思考様式の世界は、等しく「～であるなら、……となる」でつながっているので、等質空間と呼ばれる。

現代社会は、いかにそのような人間、すなわち人工知能的人間に溢れていることか。科学はもとより、哲学もまたほとんど人工知能化している。意識を情報の流れの連鎖で捉えようとする脳科学をなぞり、哲学の思考様式自体を矢印の連鎖で論じようと企てる。これらすべては、（機械の）人工知能の方がずっと得意だ。等質空間から一歩も出ないなら、人工知能的人間は、いずれ、人工知能に置き換わってしまうだろう。

人間がやるべきことは、等質空間外部である。ところが外部は、具体的に列挙できるもので構成できない。外部は、等質空間の周縁で接触する火花としてしか感じられない。私はそれを天然知能と呼んだのである。

この外部との接触を「情念」、外部との接触を呼び込む仕掛けを、「情念引力の法則」に対比することが可能だ。天然知能によってフーリエは現代的意義を持つ。情念引力の法則とは、まさに本書で論じてきたトラウマ構造、肯定的矛盾と否定的矛盾の共立と考えることができる。だから、二人展のタイトルは『フーリエの日々』なのである。

3 フーリエの日々

†過去を持たない痕跡

いよいよアートスペースキムラASK?での展示『フーリエの日々』である。私は、九州での展示と異なる点を二つ考えていた。第一に大きさを九州の二倍、針金の長さで二四〇メートル規模にすること。第二に振動モーターを使って動かすということだった。

大きさを二倍にするというのは、考えただけで嫌気がさした。大牟田では六〇メートルだけで深夜までかかった。半分は大牟田で展示したものを使い、残りをギャラリー現地で作ろうと考えていたが一日ではとても無理だ。公開前の三日間、ギャラリーを開けてもらい、そこで作業することになった。

動かすとはどういうことか。大牟田の展示でそう思ったわけだが、これについては思うところがあった。去年からはじまった一連の作品の原点は、「人であり、かつ、虫でもあるものが、人でも虫でもない痕跡を作る」であった。これは肯定矛盾と否定矛盾の共立を成しており、人と虫以外のものは想定されていない。いわば人と虫からだけ成立する世界であり、その上で人と虫は相反するものであるから、両者が共に存在することも、両者のいずれも存在しないことも矛盾なのである。

だから人と虫しか存在しない世界で、人でも虫でもないものの痕跡と言ったら、それは、何ものの痕跡でもないことを意味する。つまりそれは、踏まれていない足跡であり、投影する実体のない影であり、過去を持たない記憶である。過去がないにもかかわらず記憶として成立するもの、それはデジャブではないか。初めての体験であるにもかかわらず、すでに体験したという懐かしさを感じる、デジャブのことだ。

第5章で、「原因のない痕跡」をデジャブに喩え、それは痕跡ではなく生命そのものではないか、と述べた。ここでは、その意味をもっと詳しく展開しようと思う。

デジャブは誤った記憶と言われる。経験した情報をハードディスクに書き込むように、脳に記憶し、その情報を呼び出すように思い出すなら、それは「正しい」記憶の貯蔵や想起であると言えるだろう。その場合、ハードディスクが一部損傷し、情報の呼び出しにノイズが入って誤作動を起こすことが、「誤った」記憶ということになる。デジャブとはそういうエラーなのだろうか。

そうではなく、正しい記憶という考え方自体がおかしい。体験は常に途方もないもので、情報という形にするなら無際限だ。だから、それをすべて、丸ごと記憶することは原理的に不可能だ。したがって、その特定の部分、特定の抽象化されたものが記憶となる。蓄えられた記憶自体は体験それ自体と等価どころか、はなはだ不完全で断片的なものとなる。

体験がそのまま保存され、それがそのまま再生されるなら、それを「正しい記憶」と呼ぶことはできるだろう。これに対し、実際の記憶は、不完全な断片に過ぎず、体験と等価な「正しい」ものと呼べるものではない。ところがこれを思い出すときには、確かに自分が体験したという体験感を思い出すことができ、場合によっては、体験したときのリアリティがまざまざと蘇る。

これは、蓄えられた情報が不完全だからこそ、思い出すとき、想起するとき、その不完全さを補完するように、無際限な情報が総動員され、構成されるからとしか言いようがない。逆に、記憶の不完全さが、何かを召喚すると言ってもいいだろう。いずれにせよ、構成される体験が、過去の実際の体験を正確に再現しているという保証など、どこにもない。この想起における構成は、再構成ではなく、恣意的な構成であり、ある意味「でっち上げ」なのである。その一つの特異に思える事例がデジャブであるのだから、それは特異ではあっても、決して誤作動ではない。

†痕跡・すでにして生命

つまり不完全な情報が蓄えられてはいるものの、それは「体験した過去」になっていない。体験した過去になるのは、それを想起する際、想起する過程に立ち会う現実の周囲のあらゆる外部が、想起に参与するからだ。脳科学の知識もいらないし、考えればわかることだ。

「わたし」が体験する主体であるとき、記憶とは日記に書かれた文言のようなものだ。それ自体は体験の一部を記した情報に過ぎない。それを読む「わたし」において、読む際の気温や湿度、周囲の匂い、それに影響される私の体調すべてが参与することで、日記の文言から「体験」が立ち上がるのである。これこそが想起だ。

この想起の過程を論理的に考えようとするなら、それは人工知能でイメージすることに他ならない。何かをメモリーに記憶し、これにアクセスしても、記憶した情報が日記の文言のように現れるだけだ。情報にアクセスし、体験を再構成——もちろん、それは前述のように真の意味で再構成ではない——するには、情報の再現に伴う身体やその周囲全体が参与することになる。

体験とは、情報に意味を持たせることだから、情報を処理するだけでは立ち現れない。

だから人工知能研究では盛んに身体と言われ、ロボットにおいてこそ、意味が出現し、体験が立ち上がると考えることになる。身体では足りない。意味や体験は無際限なのだ。どこかで、たとえば身体で断ち切って、意味や体験を構想しようとしても、それでは量の大きい情報に過ぎない。

デジャブは、無際限な外部を総動員して実現される想起の、最も先鋭的な形態だと言えるだろう。意識の中の不完全な断片に飛びついて、「現在」の環境を総動員し「体験感」や「リアリティ」を作り続ける。その不完全な断片は、以前に作られたものであるから、多くの場合、「過去」となる。だから、立ち上げられる体験は、過去に根拠づけられた想起=痕跡となる。

対してデジャブは、「以前」と無関係な断片に飛びついて、「体験感」が立ち上げられる現象だ。それは以前ではない、むしろ現在が瞬時に経験される断片かもしれない。例えば、それは純粋な違和感のような断片であろう。そのように立ち上げられる「体験感」は、まさに「過去」に根拠づけられない想起となる。

ここから我々は、一つの重要な論点を得ることになる。我々は通常、過去があるからこそ想起を起こすと考えるし、過去に根拠づけられて、現在の感覚が、「体験感」や「リアリティ」として意味を持つのだと考えてしまう。その延長線上には、我々は記憶があるからこそ、「わたし」として成立するのだ、と考える、ある種の信念が形作られるわけだ。

しかし、そうではないのではないか。過去や記憶によって、現在の感覚が意味を持ち、「わたし」が成立するわけではない。過去や記憶がなくても、勝手に感覚は作られ、その意味で「わたし」は生きている。デジャブが起こるということは、過去が現在を作っているのではなく、むしろ現在が過去を作っているという反転を示唆している。老年に入って記憶を失うことは「わたし」が壊れることではない。むしろ「わたし」は惚けることで、デジャブを生きる「わたし」として「この今」を先鋭化するのである。

これこそ、「人であり、かつ、虫でもあるものが、人でも虫でもない痕跡をのこす」から得られる帰結である。人でも虫でもない痕跡は、過去を持たない痕跡であり、デジャブのようなものだ。したがって、それは、この今を生きる生命の最も端的な、最も先鋭的な形だと言える。「人でも虫でもない痕跡」とは、「人でも虫でもない〈生命〉」なのである。だから、私は、作品は動く必要がある、と考えた。『痕跡候補資格者』とは、今はまだ（通常の意味で）痕跡になっていない、現に生きているものを表明する名だったのである。

†痕跡候補資格者の実装

こうして、アートスペースキムラASK?での展示では、作品を動かすことになった。

だから作品のタイトルもちょっと違う。『痕跡候補資格者-転回』とした。動かす方法は、当初、振動モーターを作品内部に仕込み、それで微かに動かそうと思った。振動モーターとは、スマートフォンなどの情報端末に入っていて端末本体を振動させるためのものだ。だが実際、いくつか購入して試してみると段ボール虫を揺らすほどの効果は期待できないことがわかった。

振動モーターを使う場合、かなりの数のモーターを、作品のさまざまな場所に埋め込み、それらをマイコンで制御して動かそうと思っていた。となると、配線のすべてやマイコンも、作品内部に埋め込まなくてはならない。それはかなり大変だ。

そこで数台のサーボモーターを天井に設置し、透明な釣り糸で引っ張って動かすことにした。通常のモーターというのは一方向に回転し続けるものだが、サーボモーターは角度を指定して往復運動をするモーターだ。これでロボットの腕や脚を、可動域のなかで動かすことができる。これについては、マイコンを購入し、プログラムを作っておいた。

何台かのサーボモーターをランダムに指定し、指定されたサーボモーターが何度か往復運動をして数秒休み、以下これを繰り返す。ただそれだけの、簡単なプログラムだ。ただしサーボモーターはまだ買っていなかったし、配線をどのように天井に這わせるかも考えていなかった。前回の『立ち尽くす前縁・立ち尽くされた境界』でも手伝ってくれた、演劇の舞台設営をこなす自然計算研究者の谷伊織が手伝いに来てくれるというので、そこは何とかなるだろうとタカを括っていたのである。

まずは完成している一二〇メートル分を梱包された箱から出し、縮こまっていた「作品」を広げてやった。大牟田の最終日は、会場の閉館時間の都合もあり、乱暴に箱に詰め、早々に撤収した。したがって、「作品」は至るところで段ボール虫が千切れ、剝がれていたため、それを修復しながら伸展した。

それにしても、残りの一二〇メートル分の針金というのは、膨大な長さである。なんとか六〇メートルの針金を曲げ終わり、骨格だけできた頃、谷がやってきて、作品を天井から吊るすための仕掛けを、ワイヤーで組み上げてくれた。私の方の針金の骨格が、もう一つ分完成する頃には、二人で秋葉原の電気街に出かけ、配線のための導線やサーボモーターを集めてきた。あとはひたすら、段ボール虫を骨格に貼り付ける作業である。

はたして三日目になると、二四〇メートル分の「作品」が完成し、ワイヤーでこれを空中に吊るす作業に入った。大牟田では、床ギリギリに浮かし、どちらかというと、浮かすことより、全体の構造が自重でたわまないように、膨らませるために吊り上げていた。

今回は、ギャラリーでの展示であり、その地下室は四メートル四方のいわゆるホワイト・キューブと言われる部屋である。床、天井、壁は白く塗られ、天井には、スポットライトを好きな位置に設置できる、電源レールが這わせてある。このホワイト・キューブにどのように展示するか、いよいよ作品は「完成」を実現することになる。

4　『フーリエの日々』の日々

†鳥なのか虫なのか

作品は私において、いかに「完成」を実現したか。それはさまざまな偶然的要素を含みながらも、偶然を首尾よくとらまえる、私の「賭け」によって実現されたのである。アートスペースキムラASK?の、ホワイト・キューブ全体を満たすように「作品」を設置したかったため、二四〇メートル分の針金を用意した、ということが、私において第一の「賭け」だった。部屋の大きさをうろ覚えのまま、しかし針金は六〇メートル単位で一巻であったため、四巻という量が部屋にはまるか否か、予想できなかった。しかし作品によって、ホワイト・キューブ空間は適度に満たされ、そこには、人間が一人その周囲を歩ける程度の隙間があるだけとなった。このちょうどいい大きさは、偶然の産物だ。

吊るす高さについては、扉から入った瞬間、自然に、強烈に、鑑賞者にイメージが飛び込むようにしたかった。そこで、ほぼ目線の高さに吊ることにした。そこまで持ち上げてしまうと、作品全体が自重で垂れ下がり、不恰好に不用意に穴が膨らまないか。そういう危惧があった。しかしこれも「賭け」るしかなかったのである。結果的に、目線で停止した作品は、鑑賞者に一個の塊としての力を、訴えることができた。

そして、「生命」であるところの動きである。天井に五台のサーボモーターを設置し、それが回転することで「作品」の一部が持ち上げられ、また振り下ろされ、微妙に動くようにした。それは確かに、自分から動いているのか、動かされているのか、判然としない動きとなった。実際、展示が始まった当初、展示室では空調の音がしたため、鑑賞者の何人かは、空調による風で「作品」が動いていると思ったという。その指摘を受けて以後、空調は切ることにした。動きはその程度に静かなものだったのである。

想定外に効果があったのは、「音」だった。五台のサーボモーターは、動きに合わせて、ギィギ、ギィとか、キール、キールのような、モーターの個性で各々異なる音を出した。作品を吊る前の段階、床にモーターを並べ、動きを調整していたとき、音が想定したよりずっと大きくて、問題だなと思った。設置する段階になったら、サーボモーターの周囲を防音素材で囲うなど、相応の処置をしようと考えていた。

ところが実際、作品全体を目線の位置に吊るし、サーボモーターとマイコンを設置する

図７－５　『痕跡候補資格者＿転回』その正面

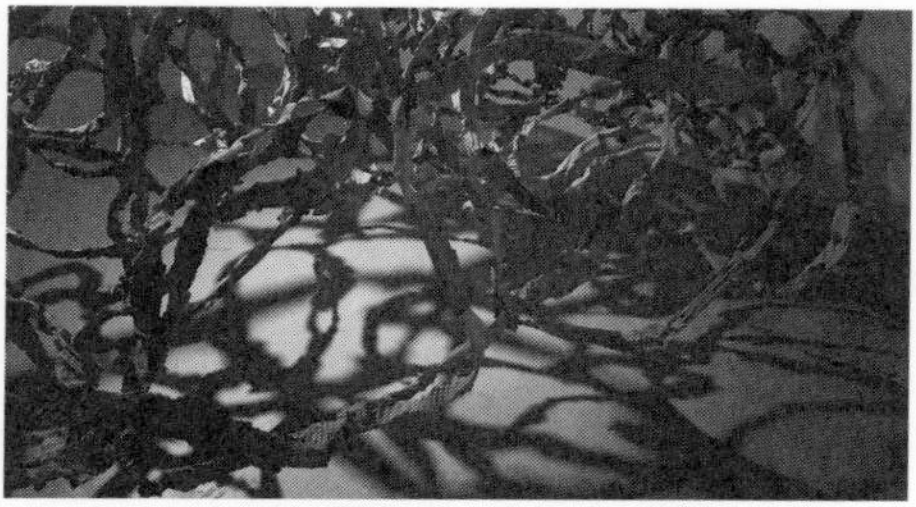

図7－6　『痕跡候補資格者＿転回』その段ボール虫詳細

と、その音は、まるで虫か鳥の声のようで、吊るされたこの生命体が、何かを訴えて鳴いているように思えた。音を隠すどころか、まさに偶然、この「声」は発見されたのである。

そして最後に、照明だ。スポットライトは、いくつでもつけることができたが、この作品の場合、床や壁に映される影も、作品の重要な要素である。そのために一点から照射されるスポットライトは効果的だが、複数のスポットライトをつけると、影はむしろ相殺されてしまう。そこでスポットライトは一個、斜め上空から点灯することにした。

暗闇の中、一個の塊として浮かぶそれは、淡い光を浴びながら鳥のように、虫のように鳴き、それ自体が生き物のような影を床や壁に蠢かせ、身をよじっている。私は『痕跡候補資格者＿転回』の完成を確信した（前頁、図7－5・6）。

†鑑賞者は「外部」をとらえるか

いよいよ展示が始まった。通常、展示に際して、作家は、展示期間の初日と最終日ぐらいしか在廊しないものだが、中村はいかなる展示でも基本、毎日在廊するという。私もそれに倣い、用事があるとき以外は常時、アートスペースキムラASK?に在廊した。中村は職場が遠隔地にあり、常に在廊するわけではなかった。

来場者のほとんどは、中村の作品が目当てなのだが、中村の作品について、そのモチベーションやコンセプトは私もよく理解していた。だから私は、中村が不在のとき、中村の作品の説明までしていた。ただし、説明の最後には、「地下にも展示があります」と伝えることを忘れなかった。

多くの場合、日本画や油画、彫刻などの美術作品を好む人は、現代アートへの関心が低い。私の『痕跡候補資格者 - 転回』を現代アートというのはおこがましいが、美術作品でないということだけは確かだ。だから、地下の展示へとエレベーターで導き、部屋へ誘導しても、興味のない人は、ドアから覗いて数秒後には踵を返し、地上への階段を上がって帰ってしまう。

しかし、それでも地下の展示場を訪れてくれる人の大半は、じっくりと見入ってくれた。最初にこれを鑑賞した中村は、「独身者の機械というのは、これではないか」と言い放ち、同時に、ザムザが変身した虫は、これじゃないか、とも言った。「独身者の機械」とは、ミシェル・カルージュが論じ、マルセル・デュシャンをはじめ、さまざまな芸術家が作品化した、目的のない純粋に意味のない存在のメタファーである。ザムザの虫とは、フランツ・カフカの小説『変身』の主人公であるグレゴール・ザムザが、突然変身してしまう毒虫のことである。もちろん独身者の機械もザムザの虫も、どんなものであるかは具体的に示されていない（図7－7）。

さまざまな鑑賞者が、さまざまな見方をした。ある人は、「捕らえられた何かが、縛られて鳴いているようです」と言う。またある人は、タンパク質の立体構造のようだと言い、別の人は、細胞が喪失してスカスカになった脳のようだという。蚊柱の軌跡のような、それが実体化した何かの巣であるような、いやまた、埃のようなものが集積して、何かが生まれ始めるような、と言う人もいた。

ある鑑賞者は、無言で見続け、「いやぁすごい存在感ですね、いくらでも見ていられる」と言う。別の人は、「これは、まだ二作目ですか。しかし、これ、いくらでも見てられますね」と言う。いくらでも見ていられる、という声は、多くの人から、まったく独立に聞くことができた。

音がすごく合っていて、怖いけどユーモラス、この下で踊りたい、と言う人はダンサーだった。同じく、なんだか怖い感じだけれどユーモラスで、本当に生きているようで見飽きない、という人は映画監督だった。「それであってそれでないものとしての存在」ということがよくわかる。自分たちはみんな、このもののように生きている、と言う人は造形作家だった。

詩人である人は、『痕跡候補資格者-転回』の周りを何度も回りながら、言葉が止まらなかった。ピグマリオンだか、ピノキオだかわからないけど、何かそのうち自分で紐を切って、この部屋から一人で、出て行きそうですね。怪鳥というのはどういう声なのかわからなかったけど、これの鳴声こそが、怪鳥の声というものですね。

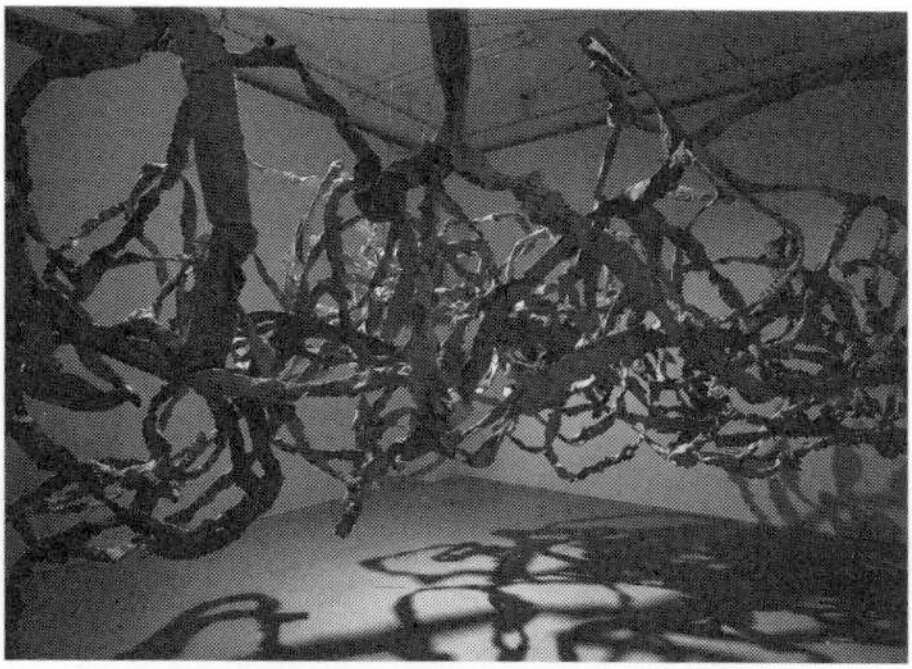
図7-7 『痕跡候補資格者_転回』一部を拡大

鑑賞者は、皆、私が思ってもいなかったことを語ってくれた。おそらく、その人たちは、『痕跡候補資格者-転回』の「穴」に無意識に吸い寄せられ、各々において、その穴に外部が召喚されることを感じ、語ったのだろう。それこそが、私が「完成」を感得したのと同じ、「理解」の実現なのである。

†科学から芸術へ・ではなく・芸術から科学へ

「人であり虫であるものが、人でも虫でもないものの痕跡を作る」というテーマで出発した私の制作は、以前（生前）と以後（死後）を共立させた遺品を脱色する、という形で材料を求めながら、人でも虫でもないものの痕跡に固執し、最終的に「痕跡＝生命」へと辿り着いた。「痕跡＝生命」という私における「完成」は、誰にも語ることなく、展示を終えた。鑑賞者に何か説明を求められたときには、素材の説明や、制作の経緯を伝えるだけにした。

それでも、『痕跡候補資格者‐転回』に見入った人たちは、これに生命を見たようだ。不気味なもの、禍々しさ、そこに同時に漂うユーモア。それは生命の示す特徴であった。外部に接し、外部を召喚する生命は、外部を潜在する意味で、不気味なものであり、禍々しいものだ。その危うさ、すなわち死を引き受けながら、徹底して外部を無視するかのようなあっけらかんとした姿は、緊張と弛緩の共立において、ユーモアの典型的な姿である。

前章で述べたように、芸術論は、作品を完全体とみなすことで記号化している、と考えられる。だからこそ、それは周囲と切り離され、当事者性を失い、その意味、価値を、自由に恣意的に決められる、と信じられている。その結果、芸術作品は貨幣と同じであるとみなされ、人の存在しない場所での芸術というものさえ、仮想される。人間の滅んだ後のアート、ポスト人新世のアートが志向され、人間以外の生物のためのアート、自然のためのアートが、新しいアートのモードであると唱えられる。

私は生き物が好きで、自然の中でぼーっとしていることが好きで、子どもの頃、日本中が公害にまみれ、自転車や洗濯機のような家電まで捨てられていた日本中の河川に、子どもながらにもいったい日本はどうなるのだと心を痛めていた。だから、生物のためのアート、自然のためのアートという感覚が、わからないことはない。

しかし、私の生き物好き、自然好きは、いわゆる生物学における生物好きではなく、エコロジー思想に結びつくような、論理的に説明が求められる自然ではなかった。その生き物好き、自然好きは、「何をしでかすかわからない面白さ」であり、本書でずっと外部との接触と言ってきたものである。それは定義される特定の生物や、定義を求められる自然ではなく、「定義しきれない」生き物や自然の面白さなのである。

定義しきれない点に現れる外部、その外部を召喚することに知力を尽くすことこそ、芸術である。つまり、私の思考する生き物や自然は、芸術に基礎付けられた生き物であり、自然なのである。翻って、本来、芸術作品とは、私の「始まりのアート」のみならず、「完全な不完全体」なのであり、外部を召喚する「穴」を有するものである。にもかかわらず、芸術がこの不完全であることに無自覚であり、無視するなら、いかにテーマを変えようと、それは、完全なもの、完全を求めて定義されたものに基礎付けられたテーマとなる。それは科学に基礎付けられた生物であり、自然となる。

科学は元来、人間を特別扱いしない。人工知能が暴走し、人間が滅びようが、暴走した進化の果てに新しいウィルスが発生しようが、科学はすべてを平等に扱う。科学の暴走を食い止めるように、さまざまな倫理的規範が構築されてきたのである。芸術が、作品の不完全さを忘れ、自然のためのアートを唱えるとき、出現するのは科学に基礎付けられた自然であり、科学に基礎付けられた芸術となる。

いや、むしろ、芸術に基礎づけられた科学を始めるときではないのか。進化や学習の理論において、基本的に試行錯誤以上の理論は現れていない。このままでは、我々は人工知能に置き換え可能で、「わたし」の尊厳を失うしかない。芸術家が外部に向けて打って出る賭けこそ、試行錯誤とは違う外部を召喚する装置となり得るに違いない。外部を受け入れる不完全さを身につけ、理解することでのみ、当事者性を理解し、当事者として、生きることの意味を回復できるのである。

第8章

創造性はどこからやってくるか

天然表現は、日常の至るところにその可能性を秘め、場合によっては、自然科学における重要なモデルや、社会を変革する理論へとつながることさえあるだろう。一人ひとりが、状況の中にあえて二項対立的なものを見出し、肯定的、否定的矛盾の共立を構想するとき、すなわち、天然表現を心がけるとき、ものの価値とは量的価値ではなく、質的な、創造のポテンシャルと理解される。そのとき、創造そのものが、社会において伝播し、創造的価値が流通するに違いない。

私が制作を始めようと思ったのは、もちろん、個人としてやってみたい衝動があったからだ。しかし、天然表現が、誰においても、技術や教育とは無関係に、自分の経験に即して実現できることを示したい、ということもあった。何かを創作したいという気分が高じると、多くの人は、まず形から入り、技術を身につけようとする。もちろんそれもいい。ところが、学ぼうとする技術は、どうにも自分には合わないものかもしれない。やってはみても、様にならないかもしれない。だったらまず、技術より先に、何かを制作してみる。技術はその後だ。まずは創作する、このとき、天然表現の発想法はきっと役に立つはずだ。

本章では、天然表現の多様な可能性について述べておくことで、読者がさまざまな展開へと進む「種」のようなものを、まいておこうと思う。天然表現はいつでも、どこでも、誰にでも可能である。しかし、逆に、何をやっても天然表現になるのではない。細心の注意を払って、不完全体を、完全な意味で創り上げなければならないのだから。

1　芸術鑑賞としての天然表現

†鑑賞としての制作

作品が「完全な不完全体」であるからこそ、作家は、不完全さを示す穴に、何かが補完するかのように「やってくる」のを感じ、「できた」と思う。だからこそ鑑賞者もまた、不完全さを示す穴に吸い寄せられ、その穴に何かが召喚されることで「わかった」という感覚を持つことができる。作者が感じる「できた」と、鑑賞者が感じる「わかった」はもちろん異なるものだが、作家も鑑賞者も、自身が作品に向き合い、外部を召喚する当事者という意味で同じである。

岡﨑乾二郎の『絵画の素』はそのことをよく示している。ここで岡﨑は、さまざまな時代、洋の東西にわたって、数多くの美術作品を取り上げ、それをきっかけに、岡﨑にやってきたものを論じていく。

例えば、ジョルジュ・ロシュグロスの『花の騎士』(図8−1)から何が語られるか。ロシュグロスは一九世紀から二〇世紀初頭に活躍したフランスの画家であるが、『花の騎士』は、アーサー王の円卓の騎士一人、パルジファルを描いたもので、まるで昨今のイラストのようなタッチだ。特に、作曲家リヒャルト・ワーグナーがオペラに仕立てたパルジファルを題材にしたもので、騎士パルジファルが、一〇人以上の花の精に誘惑されるシーンである。「純粋なデクノボー」だからこそ、困難を乗り切ると見込まれたパルジファルは、虚空を凝視するように「ボッ」としている。

岡﨑は、花の冠をつけた多様な花の精の媚態には見向きもせず、ひたすら絵画の中央に描かれた朝顔の話ばかりする。それは江戸時代後期、日本で大流行した「変化朝顔」だという。自家受粉を繰り返し、同じ根を持った一株であるにもかかわらず、手に追えないほど色も柄も異なる花を咲かせる変化朝顔。ここにこそ、花の、植物の、生命の、際限ない暴走が見出される。オペラでは、花たちの誘惑を断ち切るパルジファルだが、本作『花の騎士』では、オペラとは結末を違え、むしろ騎士は朝顔に巻き取られていくのではないか、と岡﨑は述べる。

『花の騎士』を前に、ワーグナーのオペラ、キリスト教文化における聖杯、聖槍の意義、無垢な若者の物語が展開されながら、岡﨑は絵の一部分に過ぎない朝顔に釘付けになる。

騎士パルジファルと朝顔の併置は、誘惑を断ち切るパルジファルを導くようには整合せず、画題の中に穴を穿つ。そうして、生命の暴走と反転した結末が、岡崎にはやってきたに違いない。

図8-1　ロシュグロス『花の騎士』(1894年)

「トンガレバ島」をまるで絵に見立てたような鑑賞記も、印象的だ。トンガレバ島はペンリン環礁と呼ばれるミクロネシアの島で、内海の縁だけが陸地になって一周するその形態は、光の屈折で縁だけくすんでいる、光にかざされたガラスの破片のようにも見える。岡崎は、何かの細胞のようだといい、確かに顕微鏡を覗いた次元の違う世界にも見える。

この儚くも涼しげな形態と、ミクロネシアに位置する熱帯の島という二重性は、整合を取れずに肯定的矛盾と否定的矛盾によって亀裂を生じる。椰子の実の由来を語るツナとヒナの物語、しまいにはメキシコの画家、フリーダ・カーロの『泣くココナツ』がこの亀裂に召喚される。

こうして「作品」における創造性は、「鑑賞」における創造性として、「創造性の流通」を実現するのである。

2　自然科学の天然表現

†カウンターライトニング

学生だった頃、七〇年代に科学雑誌『サイエンス』に発表されたカウンターライトニングという論文の逸話を、日高敏隆の『犬のことば』（一九七九年）で読んだことがあった。魚の腹側に発光器がたくさんついている。これは何のためにあるのか、その機能を説明するアイデアが、カウンターライトニング（今ではカウンターシェーディングと呼ばれる）である。

魚は海中を泳ぐとき、下から見上げられると、海上からの太陽光のせいで、その影が黒く見える。だから、捕食者が自分より深い場所にいたら、すぐに見つかってしまう。腹側にある発光器は、周囲の明るさに合わせた光を放ち、自分の姿を見えにくくするというわけだ。

なるほどと思わせる説明だ。しかしこの論文には致命的な欠陥があった。この説明されるべき魚が、ヒラメやカレイのように海底を這うように泳ぐ魚だというのである。つまりこの魚は、捕食者に下から見上げられることはない。発光器を用いたカモフラージュという説明が、意味をなさないことになる。

学術論文は投稿されると、これを評価する査読者がいて、彼らが雑誌に載せるだけの価値があると考えれば、投稿された論文は雑誌に掲載されることになる。カウンターライトニングはどうなったか。なんと掲載されたのだが、その理由が奮っている。確かに、この魚に関してはそのカウンターライトニングは有効ではないだろう。しかし、そのアイデアは素晴らしい。いつか必ず、カウンターライトニングを用いた魚が発見されるだろう。そのときのために、この論文を掲載しようというのだった。日高はエッセイの中で、さすがに欧米科学の文化はすごい、と賞賛しながら、日本人が同じアイデアを投稿しても受理されないだろうと、多少皮肉っている。

いまでは最も権威の高い雑誌の一つとなった『サイエンス』であり、もはや、このような論文が掲載されるのは難しいかもしれない。しかし潜水艇の技術革新によって深海探査が進むと、腹部に発光器がついた深海魚が数多く見つかり、それがまさに、カウンターライトニングによって、捕食者から逃れていることがわかってきたのである。

驚くべきことは、深海であっても弱い太陽光が届くことだ。逆に、弱い太陽光のため、下から見た魚影もぼんやりしたものになり、カウンターライトニングが効果を発揮するのである。

ではこれを説明した研究者は、どのようにカウンターライトニングを発想したのだろうか。このような、いかにも想定外のアイデアは、天然表現的である。動物の発光器は、多くの場合、異性や仲間を誘引しコミュニケーションを取るための手段に使われる。したがって、深海など思いもよらなかった当時、考案した研究者の頭にあったのは、「目立つ装置」としての発光器であり、それによってコミュニケーションをとる「仲間の集団」であっただろう。

「目立つ装置」と「仲間の集団」を結びつけ、常識的な機能を模索してみたが、腹側に特化した発光器は、両者を整合的に理解することを逆に困難にしただろう（それは、肯定的矛盾である）。かくして、彼は、両者を否定し（それは否定的矛盾である）、「目立たない」かつ「天敵」というイメージに辿りつき、天敵からのカモフラージュという天啓を得たのではないだろうか。

自然科学ではもちろん、証拠を集めて立証することが大事ではあるが、証拠に先駆けたひらめきというものは必要で、そこには天然表現が効いていると思われるのである。

†思いつきで何が悪い

今でこそ、大陸の移動は常識になっており、それはプレートテクトニクスという学説として確立している。一九六〇年代、海洋底の裂け目からマントルが湧き出し、固まったマグマの移動が発見された。そこから、マントル対流を原動力として、その上に乗っている大陸が動いている、とする学説が形成され、広く認知されるに至った。日本では八〇年代でもまだプレートテクトニクスに対して半信半疑で、ようやく受け入れられたのは九〇年代だ。

ところが、地球物理学者アルフレート・ウェーゲナーが、大陸移動説をドイツ地質学会で発表したのは一九一二年、プレートテクトニクスに五〇年先行している。アフリカ南西岸と、南アメリカ北東部の海岸線が似ている。その直観だけから出発し、ウェーゲナーは、すべての大陸が最初はつながった超大陸「パンゲア」を成しており、それが大陸の移動に伴い分裂し、ローラシラ大陸や、ゴンドワナ大陸への分裂を経て、次第に現在の地理が形成された、そう考えたのである。

当時の地質学といえば、海底の地向斜《ちこうしゃ》と呼ばれる窪みに土砂が堆積し、ある程度堆積すると、反発して盛り上がって山となる、といった地向斜運動だけしか考えていなかった。あまりに斬新すぎる大陸移動説は、まったく問題にされなかったのである。

ウェーゲナーの大陸移動説に対して、私は何度となく、現代の研究者から耳にした言葉がある。ウェーゲナーの主張はエビデンス（証拠）がなく、プレートテクトニクスとはまるで無関係だ。彼は「思いつき」で言っていただけだ、という言葉である。「思いつきさえないようなあなた方に、思いつきだと揶揄される筋合いはない。思いつきで何が悪い」。そうは言わなかったが、私は、そう言いたい気持ちになった。そのような研究者は極めて多い。もちろん、証拠を積み上げて、実証する手続きは困難であり、それ自体必要なことである。しかし、だからと言って、ウェーゲナーの説は、凡百の思いつきとは次元が違う。

単なる「思いつき」という言い方と、芸術作品の価値を「主観」に過ぎない、という言い方は、根が同じだ。いずれも、創造というものがわかっていない。その人たちは、「創造とは賭けではなく、偶然見つかったものである」と考えている。受動的態度の「能動性」を理解しておらず、天然表現など、思いもよらない。だから、証拠のないウェーゲナーの大陸移動説を、無価値と判断する。それは単なる偶然で、ウェーゲナーの関与などないと言いたいわけだ。

ウェーゲナーは、地質学会で発表したくらいなので、当時の常識である「地向斜」の造山運動については熟知していただろう。つまり海洋と大陸の関係といえば「垂直方向の運動」だけだ。これを片手に、もう一方には「現在の大陸の海岸線」が携えられ、じっと考えたわけだ。両者を結びつけ、アフリカと、南アメリカ大陸の海岸線が似ていることを説明しようとするが、矛盾しか見つからない。まさしく両者を携えることで出現する肯定的矛盾だ。

このとき、両者を共に否定し、垂直ではなく「水平運動」、現在の海岸線ではなく「過去には線として存在しなかった」という否定的矛盾が閃いたのだろう。まさに「垂直方向の運動」と「現在の大陸の海岸線」の間に、直接その亀裂を補完するような「大陸移動」のアイデアがやってきたのである。ウェーゲナーの大陸移動説は、天然表現の典型的事例だろう。

†意識を突破する可能性

天然表現は、過去にあったものを説明する理論ではなく、実践の理論である。そこで、これまで自分で実践してきた、またできるだろう、科学の可能性について、いくつかここで簡単に述べることにする。

私がかつて作った生物のモデル、例えば、真性粘菌のモデルは天然表現的だ。単細胞でありながら、餌を求めてアメーバのように広がり、場合によっては嫌いな塩類のある場所さえ取り込む真性粘菌は、まるで自分の陣地を拡大するゲームをしているように思えた。そこで、今では「ループコースパズル」と呼ばれているパズルを模した粘菌モデルを作り、プログラミングした。

そのモデルは、自分にとっての外部を取り込んでいくモデルだった。そこで次に、外部と内部が区分けされた、マス目上のループ生物モデル（ループ、つまり閉曲線で内と外を区別するモデル）を作ってみた。それは、外部である一個分のマス目を取り込んでは、それを内部でランダムに動かし、最終的に外部に吐き出し、一個分だけ変形するモデルだった。ただこのままでは、ループ生物は、いずれバラバラに断片化して壊れてしまう。

このとき天然表現的発想で、ループ生物は壊れずに運動するようになった。実はこのループ生物は、「砂山のパラドックス」を考えながら作っていた。砂山は膨大な数の砂粒からできているため、「そこから砂粒一粒を取り除いても、変わらず砂山」だ。しかし、砂粒を一粒、また一粒と取り除き続けるとき、ずっと砂山だと言い張ることになるため、最後の一粒も砂山と言うことになる。これが矛盾というわけだ。

私は「砂山」と「砂粒の集合体」とを二項対立の要素として取り上げた。両者は同じものを名指しているように見えるが、実は異なる。砂山は「全体」によって規定され、全体を見渡しているので、原理的に、自身の外側を持たない。対して砂粒の集合体は、砂粒を動かして取り除ける。つまり持っていける外側が、砂粒の集合体には存在することになる。だから、「砂山」と「砂粒の集合体」はその外側を無視する限り、同じものに思え、外側を考慮する限り、異なるものとなる。パラドックスはこの両義性をうまく使っている。

ループ生物のモデルは、特定のマス目で満たされ、いわば砂粒でできていた。だから外側の一個分の格子を取り込んで、内部で動かすとは、内部の砂粒を動かすことを意味した。この一度移動した砂粒を、外側の格子が吐き出されるまで、動かないことにする。それは、「砂山」と「砂粒の集合体」の肯定的矛盾と否定的矛盾の共立を意味している。両者の共立によって、ループ生物は壊れず、アメーバのように運動し、数カ所の餌を結ぶ全体として、ネットワークも形成できる。これも天然表現によって実現されたモデルと言っていいだろう。

ところで、砂山と砂粒の集合体とは、最も単純な、一人称と三人称のモデルと考えられる。一人称で構成された世界は、「わたし」の外側の世界もすべて「わたし」が作っている世界であり、その世界の外部は想定されておらず、原理的に存在しない。だから砂山に対応する。対して、三人称で構成された世界は、「わたし」の世界を、より大きな普遍的世界に位置付けられる意味で、「わたし」の外部を有している。だから、砂粒の集合体に対応している。

砂山と砂粒の集合体の肯定的矛盾を受け入れたのち、その両者を否定し、砂山でも砂粒の集合体でもないものとして、壊れずに動き回る生物モデルが現れた、という転回は、意識のモデルの可能性を示唆するものだ。

多くの場合、意識や心を考えるとは、一人称としての「わたし」を三人称的科学の中で解釈し、三人称世界に埋め込むことを目的としている。それは、しかし、まだ達成されていないものの、想定されたゴールの段階で、間違っているのではないか。

意識や心を理解するとは、一人称と三人称のいずれかに拠って立つことでも、両者を仲介することでもなく、そのいずれでもない別な境地を受け入れることであろう。そしてその境地を受け入れるためのモデル、理論は、実現可能に違いない。砂山と砂粒集合体の天然表現は、それを示唆するものなのである。

3　日常に広がる天然表現

†課題を解いてみる

天然表現は、まず自分で考えてみることだ。私は大学の講義を含めて、いくつかの場所で、「外部を召喚する方法、天然表現（天然知能）が適用される例を挙げよ」という課題を出してきた。

二項対立的なものを見出し、肯定的矛盾と否定的矛盾の共立、トラウマ構造を見出せる状況で、何か「すごいこと」がやってくる、そういった事例を考えることになる。みんな真面目に答えを出してくる。面白かった例を紹介しよう。

「ヨシヒコＤＤＴプロレス」という解答は、その白眉《はくび》だ。芝居感と真剣勝負は対立するものだが、そもそもプロレスは両者を両立させている。ここに肯定的矛盾があるわけだ。しかしこの両者は、二人のレスラーで初めて実現される。

ところが、ＤＤＴプロレスのヨシヒコとは、実は空気人形である。ＤＤＴプロレスでは、一人のレスラーが人形のレスラー「ヨシヒコ」とプロレスをする。人間のレスラーが、ヨシヒコを投げるが、逆に、ヨシヒコが人間を投げる状況も演じられる。もちろん、それは人間のレスラーが、あたかも投げられたようにジャンプして、背中から落ちるのである。「ヨシヒコ」とのプロレスには、二人を前提とする芝居感も真剣勝負も打ち捨てられ、否定的矛盾が成立している。しかし、もちろんプロレスなので、肯定的矛盾は完全に消えるのではなく、否定的矛盾と共立している。そこに、何か物凄いショー、外部が召喚されているのである。

すごい。なんていい解答だろうか。課題に対してこのような解答が出てきたことで、私は、「トラウマ構造という説明が、他人に通じる」ことを確信した。そしてそれは、解答者自身による、新たな創造の可能性を十分予感させる。

「無名の推し」という解答も、天然表現の核心をうまくついていた。二項対立として、「その人」と「このわたし」とが取り上げられる。わたしはその人ではなく、わたしとその人は両立しない。しかし「応援する」という状況を考えるとき、わたしが応援し、その人が応援されるという形で、両者は同時に成立する。

しかしそれは、少なくとも解答者にとって、手の届かない憧れを強化するだけで、わたしがその人ではない矛盾を、あらわにするだけだった。そこで、「このわたし」が「その人」と応援することなんて恐れ多いことだと、「このわたし」は否定され、「その人」さえも否定され打ち捨てられる。この否定的矛盾の果てに、「その人」と「このわたし」で構成される基盤に穴が穿たれ、そこに「無名の推し」がやってくるというわけだ。つまりほとんど無名の、誰も知らない俳優や声優などを、一人で推し、声援を送るのである。

私は、つづ井のマンガ『腐女子のつづ井さん』が好きで、「推し」に対する独特の感性にいつも感心させられるのだが、ネットでもほとんど見かけない「無名の人」の推しになっていく心理は、ぼんやりと想像するしかなかった。この解読は、まさにそれが、こういうことかもしれないと思わせるものだった。

『腐女子のつづ井さん』には、腐女子と夢女子の違いが述べられる。恋愛ドラマを鑑賞するとき、ヒロインに自己を投影し、自分も主人公になることを夢見る者が夢女子である。対して、ヒロインになろうともせず、その恋愛模様を遠くから眺める者が腐女子である、というのだ。

「ヒーロー」と「ヒロイン」、いや、いやそれはBL的に両者とも男子かもしれない。いずれにせよ、この両者は物語を構成する要素であり、それを共に受け入れることは、鑑賞する「わたし」において、その恋愛模様自体に感情移入し、入り込むことだ。その感情移入は、「わたし」が参入することで物語を破綻させてしまう。この意味でヒーローとヒロインは二項対立を構成し、感情移入は、肯定的矛盾を成立させる。

夢女子とは、この肯定的矛盾に過ぎない。夢女子を理解できる腐女子は、もちろん、肯定的矛盾を受け入れる。その上で、両者を打ち捨てることで、否定的矛盾を実現し、一人称的に参入するわけでも、三人称的にただ傍観するわけでもなく、遠くからその恋愛模様を愛でるのである。「愛でる」が「やってくる」ことで、人は腐女子となる。それはまさに天然表現なのである。

†「いき」の構造

ヒーローとヒロインやら、少年AとBやらの密な関係を受け入れ、同時に両者を「遠くから眺める」＝「関係を脱色する」。腐女子のやっていることは、まさにトラウマ構造を立ち上げることで、外部にある「愛でる」境地を召喚することだ。

それは、九鬼周造の『「いき」の構造』（一九三〇年）で述べられることに同じではないか。九鬼はドイツやフランスに留学し、マルティン・ハイデガーから現象学を学んでいる。『「いき」の構造』は、現象学によって、江戸時代の遊郭における美意識「粋《いき》」を解釈した書だ。

それは、世界を説明するものではなく、むしろ生活の実践、生きることの実践を論じるものである。生活の実践を論じるといえば、現代では、ハウツーものの自己啓発本のようだが、その手の指南書は、社会がこういうものだ、とわかっていることが前提になっている。その閉じた社会の中でうまくやっていくために、生活の実践が論じられる。『「いき」の構造』はそうではない。それは単に美意識の解釈にとどまらず、外部を召喚する実践書だと考えられる。

『「いき」の構造』は、「媚態《びたい》」「意気地」「諦め」から成立する。ここで二項対立を成すものは、男と女であるが、もちろん恋愛感情を持ち得る「わたし」と「あなた」一般の話と考えられる。世界に自分だけが存在する「わたし」が、「わたし」と「あなた」という二元論に目覚め、関係を取り結ぼうとする態度が「媚態」である。九鬼は、「わたし」と

「あなた」がいくらでも距離を縮められるが、決して距離がゼロになることはないことを媚態の定義とし、先行するノロマな亀との距離が決してゼロにならない、追走者アキレスの寓話、「アキレスと亀のパラドックス」さえ持ち出すのである。この意味で、「媚態」とは、「わたし」と「あなた」を結びつけようとして生じる肯定的矛盾そのものなのである。「意気地」とは、媚態に反抗することだ。媚態を前面化することは、野暮と呼ばれて疎んじられる。「意気地」は「武士は食わねど高楊枝」といった武士の気概が町人に受け継がれたものだという。それは、距離を詰めるという文脈で意味を持つ「わたし」と「あなた」を、共に否定することになる。つまりそれは、否定的矛盾を意味している。もちろん、「粋」とは、媚態だけでも、意気地だけでもない。両者が共立し、極度の緊張関係を、もたらしているのである。

第三の要素である「諦め」は、媚態と意気地の果てに到達する、運命を受け入れる徹底して受動的な境地である。それは仏教における解脱を下敷きにしたもので、「わたし」や「あなた」だけから構想されていた世界の外部を受け入れる境地なのである。「媚態」を受け入れ、同時にそれを否定する「意気地」を尊び、媚態と意気地を両立させるウルトラCの向こう側に、外部である「諦め」を召喚する。「いき」とは、天然表現の実践に他ならない。

九鬼がドイツの現象学を学び、それを用いて著した『「いき」の構造』は、現象学のいう志向世界を突き破り、その外部へのアクセスを説いた実践の書である。その意味で『「いき」の構造』は、現象学を転回し、むしろ外部を志向する思弁的実在論の心性を持つものだ。

いや、しかし、『「いき」の構造』は、思弁的実在論さえ突き破っているだろう。外部の存在証明に留まるか、もの自体を実体化してそれを指向する思弁的実在論に対し、「いき」の構造は、正確に、外部を召喚する生き方の実践＝理論を唱えているからだ。「媚態」を感情移入、「意気地」を夢女子からの逃走、「諦め」を「遠くから愛でること」とすると、「いき」とは腐女子のこととなる。少なくとも現代において、「いき」の構造は、腐女子に継承されているのである。

†外部を召喚する日常の哲学へ

物理学者、進化生物学者で文化人類学者のテレンス・ディーコンは、外部からの揺らぎによって「存在とは生成である」と言ったイリヤ・プリゴジンの散逸構造を一般化し、物質から意識の生成までを理解しようと目論んだ。その見取り図として描かれた著書では、外部を受け取る装置・仕掛けが強調される。それは天然表現に基づいて考えるとき、より明瞭になる。生命へ至る物質とは、想定できない外部を受け取る装置によって、生成し、進化し続ける器なのである。

システムの「全体」は英語でWHOLEだが、最初の文字Wを落とすとHOLE「穴」になる。ディーコンはこの点を強調し、システムの全体とは実は穴なのであって存在しないのだ、と主張する。ではシステムは、いかにして一個の全体として機能するのか。ディーコンは、実は全体をまとめ上げるものは、システム内部にあるのではなく、外部にあると唱える。つまり外部由来のゆらぎこそ、全体の正体だというわけだ。

ディーコンの議論は、「穴」や「不在」を、外部との能動的関係として捉え、極めて天然表現に整合的な議論だ。しかし、その穴がいかなる性格をもって、何かによって埋められるべき不在となるのか、その点について議論がない。「穴」があれば埋められる、という議論は、「白紙」ならば潜性力を有する、というアガンベンの議論と同じだ。天然表現に整合的ではあるが、その穴や白紙が、肯定的矛盾と否定的矛盾の共立による緊張状態になければ、「不在」となって、外部を召喚することはない。ディーコンや、アガンベンの議論は、天然知能・天然表現を必要とするのである。

外部を受け入れるとは、偶然に委ねることだ。意識の哲学を主導するデイヴィッド・チャーマーズは、科学で理解可能な心理学的意識と、主観的感覚（クオリアと呼ばれる）を含む現象的意識との違いを、「必然」か「可能性さえ想定できない上での偶然」かで与えている、と言えるだろう。何かに気づいて振り向く程度の心理学的意識は、必然的因果関係の連鎖で記述できてしまう。対して現象的意識は、原因に対して結果がどこにいくかわからない。

現象的意識は、第2章で述べた、初めて食べるラーメンに対する叫び、「ラーメンって、うまい」のようなものだ。それはこの一杯のラーメンに原因を持ちながら、まだ知らないラーメン一般に対してうまいと断じる。それはまだ見ぬうまいはずのラーメンへ、外部のラーメンへと身を委ねている。どこへ行くのかわからない、必然性の放棄を、自ら選択している。

つまり主観的感覚とは、外部へ身を委ね、偶然に任せる体験だ。しかしそれは結果的にそうなる。ここにも一杯の「このラーメン」という具体的個物と、想像される理念的な「ラーメン一般」という対立があり、「わたし」は一致し得ない両者を、あたかも一致するかのように扱う。その結果、想像される「ラーメン一般」を埋め尽くせない「このラーメン」は、「ラーメン一般」の中に空白域・穴を作り出す。その穴に、「このラーメン」でも、イメージされるだけの「ラーメン一般」でもない、「未だ知らぬラーメン」が招き寄せられる。それこそが、クオリアなのである。

私の制作は、この意味での偶然に開かれた、クオリアであり、生成であり、だからこそ、創造の感覚の原点、「はじまりのアート」だったのである。

†「賭け」に対するホドロフスキー

心を無にして徹底して何かを待つ。空白、虚無をつくって何かを待つ。それだけでは足りない。いや、むしろ、そのような態度によってどれだけ、失敗の歴史があったことか。シュルレアリスムが唱えた、自動記述（オートマティズム）の失敗など、枚挙にいとまがない。

穴、亀裂、空白域が、ダイナミックな「不在」となり、外部を召喚するようなものになるには、それをうまく構築する能動性が必要なのである。受動性に対する能動性とは、単に、受動的態度を「能動的に」選択する、だけではない。この、能動的に作られる仕掛けこそ、天然表現なのであり、そうして現れる結果＝痕跡も、天然表現となる。

繰り返したように、天然表現は、確実に外部を捉えるものではない。失敗もある。苦労して、肯定的矛盾と否定的矛盾の共立を構成してなお、失敗する可能性はゼロではない。だからこそ、そこには「賭け」がある。この、賭けに対する態度として、映画監督アレハンドロ・ホドロフスキーを最後に見ていくことにする。

ホドロフスキーは、天然表現の人である。大学で哲学を専攻した後、ヨーロッパを放浪し、七〇年代初頭、今ではカルト映画として有名な『エル・トポ』（一九七〇年）と『ホーリーマウンテン』（一九七三年）を発表する。これらも素晴らしいが、しかし、天然表現が発揮されるのは、なんといってもそのかなり後、二〇一九年に発表された『ホドロフスキーのサイコマジック』だろう。

映画の冒頭、彼は「フロイトは科学によって心理療法を考案したが、私はアートによってそれをする」と宣言する。

若い男が、ハロウィーンで使うような巨大カボチャを三個も一輪車に積み、街中を運んで路地の袋小路に辿り着く。そこへカボチャを並べると、自分の両親、姉の顔写真をカボチャの上に置き、おもむろに巨大ハンマーでそれを打ち砕いていく。家族との葛藤を抱えていた彼は、砕かれたカボチャの破片や写真を箱に詰めると、それを家族の元へと郵送する。彼は言う、「スッキリした」。

そのような「サイコマジック」による治療が次々と紹介されていく。それが本当に一般に有効か否かはわからない。しかし、映画として観ている限り、それを思いついた理由は見当がつき、なるほどと思うものがある。

七〇年代中ほど、ホドロフスキーはSF小説大作『デューン』の映画化を試み、失敗に終わる。その経緯は二〇一三年のドキュメンタリー『ホドロフスキーのDUNE』に、詳細に描かれている。私はむしろ失敗作と言われているデイヴィッド・リンチの『デューン／砂の惑星』（一九八四年）を封切り直後に観て、身体中から血膿《ちうみ》を噴きながら空中を舞うハルコンネン男爵の異様さや、その甥をポリスのスティングが演じていることに興奮したものだった。

ところがドキュメンタリーによれば、『デューン』の映画化はもともとホドロフスキーが企画し、配給元が最後になって降りたことで映画化が頓挫したのである。後年、配給会社がこの企画を、リンチに打診し、リンチが監督して『デューン／砂の惑星』が完成する。ホドロフスキーの思いはどれほどだっただろうか。

ホドロフスキーの企画はすごいものだった。キャラクターデザインにバンド・デシネ（フランスのマンガ）のメビウス、特撮には、後に『スター・ウォーズ』や『ブレードランナー』の特撮監督を手がけるダグラス・トランブルや、後に『エイリアン』の脚本を書いたダン・オバノン、ハルコンネン男爵の城のデザインには、これも『エイリアン』でデザインを担当したH・R・ギーガーが招集された。さらに、キャストも、ハルコンネン男爵にオーソン・ウェルズ、その甥にローリング・ストーンズのミック・ジャガー、皇帝役にあの、サルバドール・ダリと最高の布陣が参加を約束する。

スタッフを集め、絵コンテを作った撮影開始直前で、ホドロフスキーはハリウッドに拒絶される。大資本は、カルト映画の監督ということで、ホドロフスキーに踏み切れなかったのである。

「賭け」とは、こういうことなのだ。彼は、『ホドロフスキーのDUNE』の最後でこう叫ぶ――ラッキーなことがくる。それはイエスだ。それが出ていく。それもイエスだ。失敗が何だ。それがどうした。

ホドロフスキーは、創造の失敗に対して、「失敗が何だ」と言ったのではない。彼は自分の創造が、世間の無理解にあっても、そのような失敗は何でもない、と言っているのだ。ホドロフスキーは、自分の創造については慎重だった。細部にこだわり絵画のような画面を完成させる彼は、創造における失敗を恐れていたに違いない。それでも失敗する。それが賭けなのだ。

我々は、創造の当事者になることによってのみ、生を感じることができる。「はじまりのアート」のきっかけはどこにでも転がっている。しかしそれを実現するために、我々は賭けるしかないのである。

参考文献

邦語文献

アガンベン、ジョルジョ「身振りとしての作者」（上村忠男・堤康徳訳）『瀆神』所収、月曜社、二〇〇五年。

ウッドワード、クリストファー『廃墟論』森夏樹訳、青土社、二〇一六年。

岡﨑乾二郎『絵画の素――TOPICA PICTUS』岩波書店、二〇二二年。

カフカ、フランツ『変身』（高橋義孝訳）新潮文庫、一九五二年。

カルージュ、ミシェル『独身者の機械――未来のイヴ、さえも……』（高山宏・森永徹訳）ありな書房、一九九一年。

サイズモア、ティモシー・A『セラピストのためのエクスポージャー療法ガイドブック――その実践とCBT、DBT、ACTへの統合』（坂井誠・首藤祐介・山本竜也訳）創元社、二〇一五年。

九鬼周造「「いき」の構造」『「いき」の構造 他二篇』所収、岩波文庫、一九七九年。

熊倉敬聡『藝術2・0』春秋社、二〇一九年。

郡司ペギオ幸夫『天然知能』講談社選書メチエ、二〇一九年。

――『やってくる』医学書院、二〇二〇年。

――『かつてそのゲームの世界に住んでいたという記憶はどこから来るのか』青土社、二〇二二年。

コーク、ベッセル・ヴァン・デア『身体はトラウマを記録する――脳・心・体のつながりと回復のための手

法』(柴田裕之訳)紀伊國屋書店、二〇一六年。

槌木野衣『反アート入門』幻冬舎、二〇一〇年。

園田光慶『ターゲット(上・下)』マンガショップ、二〇〇五年。

千葉雅也『動きすぎてはいけない――ジル・ドゥルーズと生成変化の哲学』河出書房新社、二〇一三年。

――『現代思想入門』講談社現代新書、二〇二二年。

チャーマーズ、デイヴィッド・J『意識する心――脳と精神の根本理論を求めて』(林一訳)白揚社、二〇〇一年。

つづ井『腐女子のつづ井さん』KADOKAWA、二〇一六年。

ドゥルーズ、ジル『ザッヘル=マゾッホ紹介』堀千晶訳、河出書房新社、二〇一八年。

中村恭子・郡司ペギオ幸夫『TANKURI――創造性を撃つ』水声社、二〇一八年。

――「書き割り少女――脱創造への装置」『共創学』第二巻一号、二〇二〇年、一～一二頁。

はらだたけひで『放浪の聖画家ピロスマニ』集英社新書、二〇一四年。

日高敏隆『犬のことば』青土社、二〇一二年。

フーコー、ミシェル『作者とは何か?』(清水徹・豊崎光一訳)哲学書房、一九九〇年。

――「汚辱に塗れた人々の生」(丹生谷貴志訳)『フーコー・コレクション6――生政治・統治』所収、ちくま学芸文庫、二〇〇六年。

フーリエ、シャルル『四運動の理論(上・下)』(巌谷国士訳)現代思潮社、二〇〇二年。

――『愛の新世界 増補新版』(福島知己訳)作品社、二〇〇六年。

フリード、マイケル「芸術と客体性」(川田都樹子・藤枝晃雄訳)『批評空間(第2期)』(臨時増刊号:モダニズムのハード・コア――現代美術批評の地平)所収、太田出版、一九九五年。

プリゴジン、イリヤ『存在から発展へ――物理科学における時間と多様性』（小出昭一郎・我孫子誠也訳）みすず書房、二〇一九年。

保坂和志『ハレルヤ』新潮社、二〇一八年。

松浦寿夫・岡崎乾二郎『絵画の準備を！』朝日出版社、二〇〇五年。

マラルメ、ステファヌ『骰子一擲』秋山澄夫訳、思潮社、一九八四年。

宮地尚子『トラウマにふれる』金剛出版、二〇二〇年。

メイヤスー、カンタン『有限性の後で――偶然性の必然性についての試論』（千葉雅也・大橋完太郎訳）人文書院、二〇一六年。

山本浩貴『ポスト人新世の芸術』美術出版社、二〇二二年。

養老孟司『かけがえのないもの』新潮文庫、二〇〇八年。

吉行淳之介「いのししの肉」『目玉』所収、新潮社、一九八九年。

英語文献

Boden, M. (2004). *The Creative Mind: Myth and mechanism*, Routledge, London and New York.
Libby, L. K. &Eibach, R. P. (2011). Visual perspective in mental imagery: A representational tool that functions in judgment, emotion, and self-insight. In M. P. Zanna&Olson, J. M. (Eds.). *Advances in Experimental Social Psychology*, 44, San Diego: Academic Press.
Nakamura, K. (2021). De-Creation in Japanese Painting: Materialization of Thoroughly Passive Attitude, *Philosophies*, 6(2), 35.
Riva, G. (2012). Neuroscience and eating disorders: The allocentric lock hypothesis. *Medical Hypothesis*, 78(2).

254-257.
Riva, G., Gaudio, S., Dakanalis, A. (2015). The neuropsychology of self-objectification. *European Psychologist*, 20(1), 34-43.

映像作品（DVD）

シェンゲラヤ、ギオルギ監督『放浪の画家ピロスマニ』アイ・ヴィ・シー、二〇一七年。

パヴィッチ、フランク監督『ホドロフスキーのDUNE』アップリンク、二〇一三年。

ホドロフスキー、アレハンドロ監督『エル・トポ』エスピーオー、二〇〇三年。

――――『ホーリーマウンテン』ハピネット、二〇〇七年。

――――『ホドロフスキーのサイコマジック』アップリンク、二〇一九年。

リンチ、デイヴィッド監督『砂の惑星Dune』アルバトロス、二〇一四年。

あとがき

本書で展示までの顚末を示した、『痕跡候補資格者－転回』は、二〇二三年の七月には札幌の「無意識的関係性展」という展覧会に招待され、展示された。キュレーターは大阪芸術大学アートサイエンス学科の安藤英由樹教授と、東京都現代美術館学芸員の森山朋絵氏である。二人は、第7章で述べたギャラリーでの展示を見て、札幌での展示を決めてくれた。本書が店頭に並ぶのは、その展示が終わった直後だろう。

二〇二四年の二月には、「もんぜん千年芸術祭」と銘打った、長野市善光寺での展示に招待されている。こちらはさまざまな芸術展を運営してきた石川利江氏の企画で、美術家である松本直樹氏が実行委員長を務めている。ギャラリーでの私の展示を見た石川氏はそのとき、「これが善光寺に吊り下げられているところを見たい」と言っていたが、それの実現される可能性が出てきたことに、自分でも驚いている。

『痕跡候補資格者－転回』とは違う作品も二、三考えてはいるのだが、単なる展示ではないため、どのように実現するか、少し自分の中で様子をみている。

本書は、多くの人の協力によって実現した。作品制作のきっかけを与えてくれ、展示の機会を与えくれた上、撮影にも協力いただいた大阪大学・中之島芸術センターの中村恭子氏には特に謝意を表したい。中村氏には原稿の第一稿を最初から最後まで読んでいただき、いままでになく読めるように書かれていて、多くの人が理解できるのではないかと評された。それは大きな励みとなった。神戸大学ＤＸ・情報統括本部の谷伊織氏には撮影や展示など、多くの助力をいただいた。展示の際には海谷英明氏にも同じくご協力いただいた。早稲田大学表現工学科大学院生の大澤慶彦氏にも撮影などに協力いただいた。京橋のギャラリー、アートスペースキムラASK?の木邑芳幸氏にはほのかな可能性だけで展示を企画していただいた。以上の方々にここに謝意を表したい。また、制作に関しては、一部、ＪＳＰＳ「課題設定による先導的人文学・社会科学推進事業・領域開拓プログラム」からの支援を受けている（課題番号 JPJS00120351748）。

筑摩書房編集部の加藤峻氏には本書の企画段階から大変お世話になった。加藤氏には、氏が前の出版社におられたときから書籍の刊行に尽力していただいているが、今回も何度かの編集会議をかいくぐり、こちらの言い分を、うまく通していただいている。ここに謝意を表したい。

ちくま新書
1742

創造性《そうぞうせい》はどこからやってくるか
——天然表現《てんねんひょうげん》の世界《せかい》

二〇二三年八月一〇日 第一刷発行

著者 郡司ペギオ幸夫（ぐんじ・ぺぎお・ゆきお）
発行者 喜入冬子
発行所 株式会社 筑摩書房
東京都台東区蔵前二-五-三 郵便番号一一一-八七五五
電話番号〇三-五六八七-二六〇一（代表）
装幀者 間村俊一
印刷・製本 三松堂印刷 株式会社

本書をコピー、スキャニング等の方法により無許諾で複製することは、法令に規定された場合を除いて禁止されています。請負業者等の第三者によるデジタル化は一切認められていませんので、ご注意ください。
乱丁・落丁本の場合は、送料小社負担でお取り替えいたします。
© GUNJI Pegio Yukio 2023 Printed in Japan
ISBN978-4-480-07575-8 C0210

ちくま新書

363
からだを読む
養老孟司
自分のものなのに、人はからだのことを知らない。たまにはからだのことを考えてもいいのではないか。口から始まって肛門まで、知られざる人体内部の詳細を見る。

569
無思想の発見
養老孟司
日本人はなぜ無思想なのか。それはつまり、「ゼロ」のようなものではないか。「無思想の思想」を手がかりに、日本が抱える諸問題を論じ、閉塞した現代に風穴を開ける。

434
意識とはなにか
——〈私〉を生成する脳
茂木健一郎
物質である脳が意識を生みだすのはなぜか？　すべてを感じる存在としての〈私〉とは何ものか？　人類に残された究極の問いに、既存の科学を超えて新境地を展開！

1060
哲学入門
戸田山和久
言葉の意味とは何か。私たちは自由意志をもつのか。人生に意味はあるか……こうした哲学の中心問題を科学が明らかにした世界像の中で考え抜く、常識破りの入門書。

981
脳は美をどう感じるか
——アートの脳科学
川畑秀明
なぜ人はアートに感動するのだろうか。モネ、ゴッホ、フェルメール、モンドリアン、ポロックなどの名画を題材に、人間の脳に秘められた最大の謎を探究する。

339
「わかる」とはどういうことか
——認識の脳科学
山鳥重
人はどんなときに「あ、わかった」「わけがわからない」などと感じるのか。そのとき脳では何が起こっているのだろう。認識と思考の仕組みを説き明す刺激的な試み。

1321
「気づく」とはどういうことか
——こころと神経の科学
山鳥重
「なんで気づかなかったの」など、何気なく使われるこの言葉を手掛かりにこころの不思議に迫っていく。注意力が足りない、集中できないとお悩みの方に効く一冊。